Caminos 1

segunda edición

Niobe O'Connor

Published in 2002 by:
Nelson Thornes Ltd
Delta Place
27 Bath Road
CHELTENHAM
GL53 7TH
United Kingdom

02 03 04 05 06 / 10 9 8 7 6 5 4 3 2 1

A catalogue record for this book is available from the British Library

First edition ISBN 0-7487-2285-8
Second edition ISBN 0-7487-6780-0

Editor: Sally Wood
Illustrations by Jean de Lemos, Linda Jeffrey
Page make-up by Simon Hadlow, DP Press Ltd., Sevenoaks

Printed and bound in Spain by Graficas Estella

Indice de materias

Nuevos amigos

1A ¡Hola! ¿Cómo te llamas?

You will learn:
- to greet people
- to say how you are and ask how others are

¡Hola! Me llamo Pilar.

¡Hola! Me llamo Isabel.

¡Hola! Me llamo José Luis.

¡Hola! Me llamo Carlos.

1 Me presento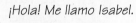

Escucha y lee. Preséntate a tu clase.

¡Hola! Me llamo …

En el patio

Pilar, ¿qué tal?

Carlos, ¡hola!

Bien.

Isabel es inglesa, de Liverpool.

Hola, Isabel, ¿qué tal?

Muy bien, ¿y tú?

Regular.

José Luis, ¿qué tal?

¡Fenomenal!

¡Hola! ¿Cómo te llamas?

Me llamo Isabel.

Y usted, ¿qué tal?

Muy bien, gracias.

¿Tomás? ¿Qué tal está Tomás?

Fatal, Pilar, fatal.

2 En el patio

 Empareja la persona y el dibujo.

Ejemplo

Tomás
José Luis
Isabel
Carlos
Pilar

 Tomás

fenomenal

muy bien

bien

regular

fatal

 ¿Isabel es española o inglesa?

3 ¿Qué tal los jóvenes?

Escucha las cinco conversaciones. ¿Quién habla?

Ejemplo **1** Belén.

Alicia

Belén

Carlos

Elena

David

4 ¿Y tú?

 Pregunta a las personas de tu clase.

A

¡Hola! ¿Qué tal?

B

Muy bien. ¿Y tú?

 ¿Qué tal los amigos de la actividad 3?

A

¡Hola! Me llamo Alicia. ¿Y tú?

B

Me llamo Carlos. ¿Qué tal?

Fenomenal, gracias. ¿Y tú?

Regular.

5 Poema

 Escribe un poema.

¡hola! / ¡adiós!
¿qué tal? / bien
muy bien / fenomenal
regular / fatal

Cristóbal / Lola / Carlos
Carmen / Pilar / Marcos

tú	for young(er) people
	adults you know well (*familiar*)
usted	for adults you don't know well (*formal*)

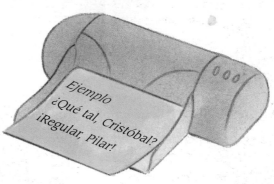 **Gramática 9**

Ejemplo
¿Qué tal, Cristóbal?
¡Regular, Pilar!

1.1 ¡Bienvenidos!   1.2 ¡El español es estupendo!

You will learn:
- the alphabet
- how to answer the register
- how to spell words and ask others

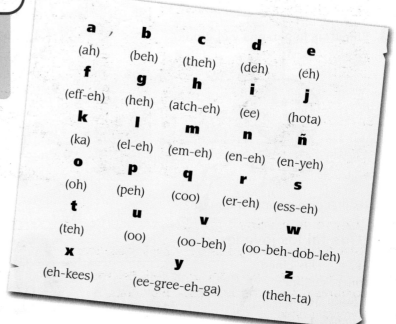

a (ah)	**b** (beh)	**c** (theh)	**d** (deh)	**e** (eh)
f (eff-eh)	**g** (heh)	**h** (atch-eh)	**i** (ee)	**j** (hota)
k (ka)	**l** (el-eh)	**m** (em-eh)	**n** (en-eh)	**ñ** (en-yeh)
o (oh)	**p** (peh)	**q** (coo)	**r** (er-eh)	**s** (ess-eh)
t (teh)	**u** (oo)	**v** (oo-beh)	**w** (oo-beh-dob-leh)	
x (eh-kees)	**y** (ee-gree-eh-ga)	**z** (theh-ta)		

1 El alfabeto

a Escucha y pronuncia.

b ¿Qué nombre es?

Paco / Paca   Juan / Gina

Toni / Toñi   Gabi / Javi

c Escucha y canta el alfabeto.

2 Pasando lista

Escucha. ¿Cada persona de la lista está?
Escribe ✔ o ✘.

Ejemplo **25** ✔

25 Carmen Ortega Soler ✔	28 Ana Velázquez Ramiro
26 Fernando Pretus Oliver	29 Tomás Willoughby
27 Juanita Talavera Díaz	30 Pepa Yessef Varillas

3 ¿Cómo se escribe?

a Escucha al profesor y a Isabel y lee lo que dicen.

b Escucha las conversaciones **1–6**. Escribe los nombres o apellidos de la lista que faltan.

Ejemplo Conde.

c En cada conversación, se trata de *tú* o *usted*?

Ejemplo **1** tú.

Lista de alumnos / profesores

1 Celia Adriano ...?...

2 Gabi ...?... Melo.

3 ...?... Damas Lozano.

4 Rosario García ...?...

5 Jaime ...?... Saez.

6 ...?... Cruz Arjona

4 Tú pasas lista

Hay un intercambio de alumnos y profesores. Túrnate con tu pareja. **A** pasa lista; **B** es español/a.

Diálogos informales. Habla de *tú*.

A ¡Hola! ¿Cómo te llamas?

B Me llamo Celia Conde Damas.

¿Cómo se escribe tu nombre?

Se escribe C-E-L-I-A.

Gracias.

Diálogos formales. Habla de *usted*.

A Buenos días. ¿Cómo se llama usted?

B Me llamo señor Burgos Vila.

¿Cómo se escribe su apellido?

Se escribe B-U-R-G-O-S y luego V-I-L-A.

Gracias.

NOMBRES			APELLIDOS		TÍTULOS
Amaya	Celia	Gari	Arjona Gil	Pereira Ruiz	el señor ...
Ahmed	Paco	Josefa	Madrazo Rosales	Conde Lagares	la señora ...
Badrihdi	Luis	Paloma	Burgos Ibarra	Rivas Vila	la señorita ...

(tú)	¿Cómo **te** llamas?	¿Cuál es **tu** nombre/apellido?	¿Cómo se escribe?
(usted)	¿Cómo **se** llama?	¿Cuál es **su** nombre/apellido?	Se escribe ...

Gramática 13, AL 1

1.3 Vamos a pasar lista   1.4 Mi, tu, su   1.5 ¿Cómo se llama?

You will learn:
- numbers 1–19
- to ask how to say something in Spanish or English
- to say that you don't know or you've forgotten
- to ask someone to repeat something

1 Los números

a Escucha y lee.

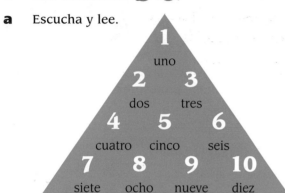

1 uno
2 dos 3 tres
4 cuatro 5 cinco 6 seis
7 siete 8 ocho 9 nueve 10 diez

b ¿Qué puerta es?

◆ Apunta el número.

	Destino	Puerta
Ejemplo	Bruselas	3
	Dublín	
	Edimburgo	
	Londres	
	Río de Janeiro	
	Valencia	

♣ ¿Cuál es el vuelo para Valencia?

AV 175   IB 751   AV 715   IB 571

2 El juego de los dedos

¿Qué número es? ¡Tienes cinco segundos!

A ¿Qué número es?

¡Ahh ... ocho! **B**

Los deberes de inglés

Inglés, ¡qué bien!

Isabel, ¿cómo se dice 'se me ha olvidado' en inglés?

Se dice: 'I've forgotten'.

Isabel, ¿cómo se dice 'rápido' en inglés?

I've forgotten everything.

Se dice 'quickly'.

Quickly, ...¿y cómo se escribe?

Q-u-i .... ¿otra vez, por favor?

'Beautifully' – ¿se escribe con una 'l' o con dos 'll'?

Q-u-i-c-k-l-y.

Q-u-i-c-k-l-y.

No lo sé, ni idea. ¿Isabel?

Con dos.

Con una 'l'... con dos 'll'... ¿Cómo se dice 'deberes' en inglés?

¿Deberes? Homework.

Isabel – my homework – quickly and beautifully – please?

3 Los deberes de inglés

 ¿Quién lo dice?

Ejemplo **1** José Luis.

1 ¿Cómo se dice 'se me ha olvidado' en inglés?

2 ¿Otra vez, por favor?

3 Quickly, ... ¿y cómo se escribe?

4 No lo sé, ni idea.

 ¿Cómo se dice en inglés?

1 se me ha olvidado	3 inglés
2 deberes	4 ¡qué bien!

¿Cómo se dice ... en español?
¿Cómo se dice ... en inglés?
Lo siento, no lo sé / ¡Ni idea!
Se me ha olvidado.
¡Otra vez, por favor!

4 Con tu pareja

¿Cuántas respuestas correctas en un minuto?

A ¿Cómo se dice 'cinco' en inglés?

B Five!

¿Cómo se dice 'nine' en español?

¡Ni idea! Se me ha olvidado.

11	**12**	**13**
once	doce	trece
14	**15**	**16**
catorce	quince	dieciséis
17	**18**	**19**
diecisiete	dieciocho	diecinueve

5 Juegos

a Escucha y lee.

b La lotería. Escribe seis números entre **1** y **19**.

Escucha el ordenador. ¿Cuántos números tienes?

c El juego de ¡Otra Vez!

Pon las cartas en orden, según el ordenador.

6 Más y menos

a **Completa con la palabra correcta.**

Ejemplo **1** cinco.

1 once – nueve + tres = ?

2 cinco – uno + doce = ?

3 ocho – tres + ? = quince

4 cuatro + ? – dos = dieciséis.

5 dieciocho – ? + seis = once

6 ? – siete – uno = nueve

Inventa y escribe cinco más para tu pareja.

+ más
− menos
= son

b Túrnate con tu pareja: inventa problemas de aritmética.

| 1.6 | ¡Acorazados! | | 1.7 | Puzzles |

A ¿Dos más ocho?

B ¡Diez!

1D Los días de la semana

You will learn:
- to say the days of the week
- to spell words with accents

1 El rap de la semana

Escucha el rap de la semana. Cántalo en tu clase y haz los gestos.

¿Lunes?
¡Fatal!

¿Martes?
¡Peor!

¿Miércoles?
No es mucho mejor ...

¿Jueves?
Bien.

¿Viernes?
¡Tremendo!

¿Sábado?
¡Fenomenal!

¿Domingo?
¡Estupendo!

2 Con acento

a Escucha y lee: á, é, í, ó, ú.

b Escucha y completa los nombres 1–8.

1 R_m_n	3 Ar_nzazu	5 Ra_l	7 An_ Mar_a.
2 Andr_s	4 Joaqu_n	6 Mar_f_	8 Conc_pci_n

3 Con tu pareja

Túrnate con tu pareja para preguntar y contestar. Cambia las palabras **de color**.

A

¿Cómo se dice *Tuesday* en español?

¿Cómo se dice *domingo* en inglés?

¿Cómo se escribe *sábado*?

Se dice *martes*.

Se dice *Sunday*.

Se escribe S-A (con acento) -B-A-D-O.

B

Acción: lengua

The Spanish for 'you' and the verb *llamarse*

● **Using tú and usted**

Talking to one person, use ...
tú
• to a friend, someone younger or a pet
• to an adult you know well (*informal*)
usted
• to an adult you don't know well or at all
(it is used as a mark of respect: *formal*)

Talking to more than one person, use ...
vosotros
• to friends, people who are younger or pets
• to adults you know well (*formal*)
ustedes
• to adults you don't know well or at all
(it is used as a mark of respect: *formal*)

1 ◆ Would *tú* or *usted* be used in Spanish in the following cases?

E.g. **1** tú.

1 You're talking to your best friend.
2 You're talking to your mum.
3 You ask your teacher how he or she is.
4 You ask your little sister how she is.
5 You ask a boy of your age his name.

♣ Which of the four forms of 'you' would a Spanish teenager use in each of the following?

E.g. **1** vosotros.

1 Asking two friends how they are.
2 Talking to the headteacher.
3 Speaking to his or her dad.
4 Addressing two teachers at the same time.
5 Talking to two younger children next door.

● **Llamarse – to be called**

(yo)	me llamo	*I am called*
(tú)	te llamas	*you are called (informal)*
(él)	se llama	*he is called*
(ella)	se llama	*she is called*
(usted)	se llama	*you are called (formal)*

(nosotros)	nos llamamos	*we are called*
(vosotros)	os llamáis	*you are called (informal)*
(ellos)	se llaman	*they are called*
(ellas)	se llaman	*they are called*
(ustedes)	se llaman	*you are called (formal)*

2 The Spanish words for 'I', 'you' etc. are above in brackets: (yo), (tú), etc. These are called subject pronouns. Which Spanish subject pronoun is appropriate in each of the following situations?

E.g. **1** yo *(I)*

When talking ...
1 about yourself.
2 about your friend Matthew.
3 to your teacher.
4 about your friend Emma.
5 to your best friend.
6 about your classmates Jack and Sarah.
7 about yourself and a friend.
8 to the headteacher and deputy.
9 about Kate and Jenny.

3 ◆ Complete each sentence with *me llamo*, *te llamas* or *se llama* as appropriate.

1 ¡Hola! ¿Cómo ... tú?
2 ... Cristina. ¿Y tú?
3 Pablo. ¿Cómo ... el profesor nuevo?
4 ¡Ni idea! Señor, ¿cómo ... usted?
5 ... señor Aguirre. ¡Rápido – a clase!

♣ Choose the correct part of the verb *llamarse* for each gap.

JUAN	¡Oíd, vosotros! ¿Cómo ...**1**... ?
LALI	...**2**... David y Lali. ¿Y cómo ...**3**... tú?
JUAN	...**4**... Juan. Y mi amigo ...**5**... Ricardo.
LALI	¡Hola! ¿Cómo ...**6**... los chicos allí?
JUAN	La chica ...**7**... Maribel y el chico Pedro.

2 En clase

2A ¿Tienes ...?

You will learn:
- the names for things in your pencil-case/bag
- to ask if someone has an item, and reply

Grammar: the indefinite article: *a*

1 La mochila de Pepa

a Escucha y lee.

b Escucha. ¿Pepa tiene las cosas **1–8**?

Escribe ✔o ✗.

Ejemplo **1 ✗**.

2 Juego de memoria

Túrnate. *A* mira las fotos; *¡B* no mira!

¿Cuántas respuestas correctas en un minuto?

A

Número nueve.

B

¡Una hoja!

¡Sí! Número cuatro.

Un libro.

¡No!

1 un boli/un bolígrafo

7 una agenda

2 un cuaderno

8 una goma

3 un estuche   9 una hoja

4 un lápiz

5 un libro

10 una mochila

11 una pluma

6 un sacapuntas   12 una regla

3 El diccionario

Utiliza tu diccionario. Para cada palabra **1–10**, escribe el inglés, y si es *un (m)* o *una (f)*.

Ejemplo **1** una bebida – *a drink.*

1 bebida
2 calculadora
3 carpeta
4 clip
5 compás
6 grabadora
7 llave
8 monedero
9 taladradora
10 rotulador

a	
(m) **un**	**un** boli (*a biro*)
(f) **una**	**una** pluma (*a pen*)

▶▶ Gramática 2

4 ¿Tienes ...?

◇ ¿Cada frase es verdad o mentira?

Ejemplo **1** mentira.

1 Pepa tiene un boli.
2 Tomás tiene una regla.
3 Tomás tiene un sacapuntas.
4 Pepa no tiene estuche.
5 El profe tiene un lápiz.
6 El profesor no tiene paciencia.

♣ Completa cada espacio 1–5 con: *tengo, tienes* o *tiene*.

Ejemplo **1** tengo.

Me llamo Tomás, y ...**1**... una amiga, Pepa. ¡Pepa es un desastre – no ...**2**... mucho en la mochila! Y tú, ¿qué tal en la clase de español? Tú ...**3**... un diccionario? También ...**4**... un enemigo, Roberto – ¡qué horror! El profe es simpático, pero no ...**5**... mucha paciencia.

(yo)	tengo
(tú)	tienes
(él, ella, usted)	tiene

2.1 La mochila

2.2 Un / Una

▶ **Gramática 11, AL 3**

You will learn:
- to ask and say how / where you do your work
- to understand and give classroom instructions

Grammar: the definite article ('the')

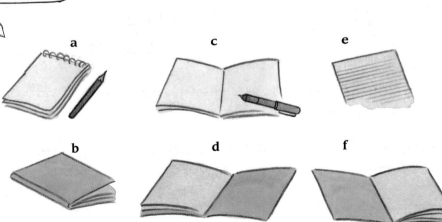

1 ¿Qué se hace ahora?

Empareja el dibujo y la frase.

Ejemplo **1 f**.

1 Se hace por delante.
2 Se hace por detrás.
3 Se hace en limpio.
4 Se hace en sucio.
5 Se hace en una hoja.
6 Se hace en el cuaderno.

Contesta.

1 ¿Qué página es: 5 ó 15?
2 ¿Qué número es: 2 ó 3?
3 ¿Cómo se dice en inglés: ¡Mira la pizarra! / Ya he terminado / ¿Qué se hace ahora?

2 La queja de los profes

Escucha y canta con tu clase y tu profe.

¿Se hace en limpio?
¿Se hace en sucio?
¿Se hace por delante?
¿Se hace por detrás?
¿Se hace en la hoja?
¿Se hace en el cuaderno?
¿Se hace aquí en clase?
¡No puedo más!
Estoy hasta la coronilla
con las explicaciones
¡Hay que escuchar
las instrucciones!

3 En clase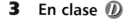

¿Cómo se dice *pizarra* en inglés? Utiliza el diccionario.

a la pizarra
b la puerta
c la ventana
d la silla
e la mesa
f la luz
g la cassette
h el vídeo

i el retroproyector
j el ordenador
k el magnetofón
l el tablón
m el borrador
n el estante
o el suelo
p el armario

4 Los robots

Escucha y rellena los espacios. Utiliza el vocabulario de la actividad 3.

3 Pon ____ ____ bien
4 Enciende ____ ____
2 Cierra ____ ____
5 Apaga ____ ____
1 Abre ____ ____
6 Limpia ____ ____

Inventa más frases: utiliza las frases 1–6 y el vocabulario a–p de la actividad 3.

Ejemplo 1 Abre la puerta.

¿Se hace ...	por delante? *etc. (act. 1)*
abre / cierra	la puerta, *etc. (act. 3)*
apaga / enciende	
limpia, pon ... bien	
¿Qué se hace ahora? ¿Qué número / página es?	

the		
(m)	**el**	el vídeo (*the* video)
(f)	**la**	la puerta (*the* door)

Gramática 3, AL 2

2.3 ¿Qué se hace ahora?   2.4 Instrucciones   2.5 El / La

You will learn:
- the numbers 20–31
- how to ask / say whose turn it is
- the months of the year
- how to ask / give the date

1 **Más números**

Escucha y repite.

veinte   veintiuno   veintidós   veintitrés   veinticuatro   veinticinco

veintiséis   veintisiete   veintiocho   veintinueve   treinta   treinta y uno

2 **Multiplicación**

Con tu pareja, haz el juego de la multiplicación.

A — *dieciséis*

B — *mm ... cuatro por cuatro.*

4	5	8	9	10	12	14
15	16	18	20	21	22	24
25	26	27	28	30		

por = x

3 **La audición**

Escucha. ¿Qué número tiene cada persona?

Ejemplo Ahmed 23.

Ahmed   **Catalina**   **Felipe**   **Juanjo**   **Margarita**   **Sohora**

Elije un dibujo para cada persona.

Ejemplo Ahmed **c**.

a   b   c   d   e   f

¿A quién le toca?	*Whose turn is it?*	Te toca a ti.	*It's your turn.*
Me toca a mí.	*It's my turn.*	Le toca a Carlos.	*It's Carlos' turn.*

4 Los meses del año 🔊 🔊

a Escucha los meses del año.

b ¿Qué mes es? Escucha y apunta los nombres de los meses **1–6**.

Ejemplo **1** noviembre.

enero	febrero	marzo	abril	mayo	junio

julio	agosto	septiembre	octubre	noviembre	diciembre

c ¿Qué fecha es hoy? Escucha las conversaciones **1–6**.

	◆ Fecha	♣ Día
1	12 nov.	
2		martes

5 El calendario 🖊

Escribe las fechas indicadas en español.

Ejemplo el doce de enero.

ENERO	FEBRERO	MARZO	ABRIL	MAYO	JUNIO
1 2 **3**	1 2 3 4 5 6 **7**	1 2 3 4 5 6 **7**	1 2 3 **4**	①2	1 2 3 4 5 **6**
4 5 6 7 8 9 **10**	8 9 10 11 12 13 **14**	8 9 10 11 12 13 **14**	5 6 7 ⑧ 9 10 **11**	3 4 5 6 7 8 **9**	7 8 9 10 11 12 **13**
11 ⑫ 13 14 15 16 **17**	15 16 17 18 19 20 **21**	15 16 17 18 19 20 **21**	12 13 14 15 16 17 **18**	10 11 12 13 14 15 **16**	14 15 16 17 18 19 **20**
18 19 20 21 22 23 **24**	22 ㉓ 24 25 26 27 **28**	22 23 24 25 26 27 **28**	19 20 21 22 23 24 **25**	17 18 19 20 21 22 **23**	21 22 23 24 25 ㉖ **27**
25 26 27 28 29 30 **31**		29 30 ㉛	26 27 28 29 30	24 25 26 27 28 29 **30**	28 29 30

JULIO	AGOSTO	SEPTIEMBRE	OCTUBRE	NOVIEMBRE	DICIEMBRE
1 2 3 **4**	**1**	1 2 3 4 **5**	1 2 **3**	1 2 3 4 5 6 **7**	1 2 3 4 **5**
5 6 7 ⑧ 9 10 **11**	② 3 4 5 6 7 **8**	6 7 8 9 10 11 **12**	4 5 6 ⑦ 8 9 **10**	8 9 10 11 12 13 **14**	6 7 8 9 10 11 **12**
12 13 14 15 16 17 **18**	9 10 11 12 13 14 **15**	13 14 15 16 17 18 **19**	11 12 13 14 15 16 **17**	15 16 17 18 ⑲ 20 **21**	13 14 15 16 17 18 **19**
19 20 21 22 23 24 **25**	16 17 18 19 20 21 **22**	20 ㉑ 22 23 24 25 **26**	18 19 20 21 22 23 **24**	22 23 24 25 26 27 **28**	20 21 22 23 24 ㉕ **26**
26 27 28 29 30 31	23 24 25 26 27 28 **29**	27 28 29 30	25 26 27 28 29 30 **31**	29 30	27 28 29 30 31
	30 31				

¿Qué día es hoy?	Es el (tres) de (mayo)		2.6	Preguntas
¿Qué fecha es hoy?	Es el (primero) de (abril)		2.7	Repaso

2D Los plurales

You will learn:
Grammar: how to form the plurals of nouns

Plurals of articles: *los/las*; *unos/unas*

1 Objetos perdidos

◆ ¿Cuántos hay? Escribe el número.

Ejemplo **a**gendas 23.

♣ ¿Qué otro artículo hay? ¿De quién es?

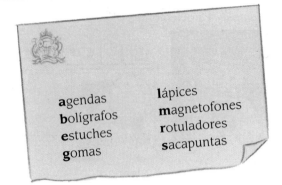

agendas	**l**ápices
bolígrafos	**m**agnetofones
estuches	**r**otuladores
gomas	**s**acapuntas

2 El inventario

Estudia los objetos (actividad 1) y el cuadro de gramática. Copia y completa el inventario.

Ejemplo **5** ventanas

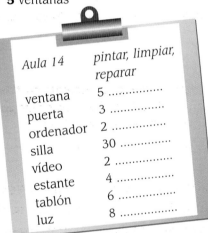

Aula 14   pintar, limpiar, reparar

ventana	5 ....
puerta	3 ....
ordenador	2 ....
silla	30 ....
vídeo	2 ....
estante	4 ....
tablón	6 ....
luz	8 ....

	SINGULAR	PLURAL
-a	agenda	agend**as**
-e	estuche	estuch**es**
-o	bolígrafo	bolígraf**os**
-or	ordenador	ordenad**ores**
-ón	magnetof**ón**	magnetof**ones**
-z	lápiz	lápi**ces**

▶ **Gramática 4, AL 2**

3 En el almacén

Completa las instrucciones del profe a Roberto correctamente, con *los* o *las*.

Ejemplo **a** los.

¡Roberto, pon ...**a**... lápices, ...**b**... bolis y ...**c**... rotuladores en el estante dos; ...**d**... agendas y ...**e**... cuadernos y ...**f**... carpetas en el estante tres; ...**g**... gomas, ...**h**... sacapuntas y ...**i**... calculadores en el estante número cuatro, y ...**j**... libros en el suelo!

	(m)	(pl)	(f)(pl)
the	**los**	**las**	**los** bolis (the biros), **las** plumas (the pens)
some/any	**unos***	**unas***	**unos** bolis (some biros), **unas** plumas (some pens)

***Often left out:** Tengo lápices – *I've got* **some** *pencils*

▶ **Gramática 3, 4, AL 2**

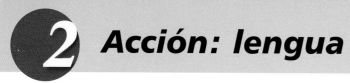

Acción: lengua

● **Indefinite articles**

SINGULAR	(m)	(f)
a	**un**	**una**
the	**el**	**la**

PLURAL	(m)(pl)	(f)(pl)
some / any	**unos**	**unas**
the	**los**	**las**

Tengo un boli (*I have a biro*), **but** No tengo boli (*I haven't got a biro*).

1 ◗ You want some new things for school.
Complete your list correctly with *un* or *una*.

E.g. **un** boli.

.... boli   .... estuche

.... rotulador   .... agenda

.... goma   .... cuaderno

.... lápiz   iy .... mochila!

2 ◗ Complete the stage-manager's instructions
correctly with *el* or *la* (the).

E.g. **1** Pon **el** libro ...

1 Pon ... libro en ... estante.
2 Y pon ... agenda en ... mesa.
3 Cierra ... ventana.
4 Limpia ... suelo.
5 Pon ... silla bien.
6 Y finalmente, enciende ... luz.

3 ◗ The house-robbers have a problem!
Put the correct Spanish word in each gap.

E.g. **1 un**.

GARI   Qué bien! ...**1**... ordenador. (*a*)
ANA   i...**2**... magnetofón, y ...**3**... vídeo! (*a*)
GARI   Shhh! i ...**4**... policía! (*the*)
ANA   iToma! ...**5**... monedero, ...**6**... reloj. (*a*)
GARI   iAbre ...**7**... puerta! (*the*)
ANA   Escucha. iTiene ...**8**... llave! (*a*)
GARI   Ay no! ...**9**... ventana – irápido! (*the*)

♣ Put the words in the correct column.

unos	unas
rotuladores	

rotuladores   escarpetas   bolis   luces   reglas
vídeos   cassettes   borradores   lápices

♣ The caretaker comments on the cleaning
and painting. Put *el, la, los* or *las* correctly
before each word in brackets.

E.g. **la** puerta – imuy bién!

(puerta) – imuy bien!   (sillas) – iestupendo!
(ordenador) – ibien!   (estantes) – sí, bien.
(tablones) – regular   (pizarra) – bien.
(ventanas) – ifatal!   iy limpia (mesas)!

♣ Isabel writes about sharing Pilar's bedroom
(*el dormitorio*). Insert the correct Spanish for
'a', 'the' or 'some' where required.

E.g. Tengo **una** silla.

iHola, Papá!
**¿Qué tal? Aquí, bien y mal. Tengo silla y estantes, pero ordenador
está en suelo porque no tengo mesa.**
**Pilar tiene armario, ipero yo no! Pero dormitorio está bien – tiene
ventana grande y mucha luz.**
Tengo profesores estupendos, ¿pero clase de matemáticas? iFatal!

3 La familia

3A ¿Tienes hermanos?

You will learn:
- to talk about your brothers / sisters and ask others

1 ¿Tienes hermanos?

¿Quién habla? Escribe el nombre.

Ejemplo **1** Pilar.

Carlos	Pepa	José Luis
Tomás	Pilar	

1 Tengo un hermano, Juan.
2 Tengo una hermana, Isabel.
3 Tengo un hermano y una hermana.
4 Tengo tres hermanos y tres hermanas.
5 Soy hija única.

Completa con: *se llama* o *se llaman*.

Ejemplo **1** Tengo una hermana, que **se llama** Isabel.

1 Tengo una hermana, que … Isabel.

2 Tengo un hermano, que … Juan.

3 Tengo un hermano y una hermana, que … Rafael y Ana.

4 Tengo un hermano, que … Tomás.

2 ¿Cómo se dice en inglés …?

Utiliza la sección de vocabulario español–inglés.

| un hermanastro | una hermanastra | un hermano gemelo | una hermana gemela |

3 ¿Cuántos hermanos tienen?

Escucha las cuatro conversaciones.

◆ Apunta cuántos hermanos tienen.

Ejemplo

| 1 | 0 | 1 |

♣ Mira los dibujos. ¿Quién habla?

Ejemplo **1** Arancha.

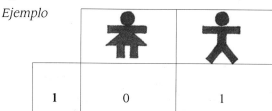

4 En un grupo de tres 💬

A: imagina que eres un/a joven de la actividad 2. Contesta *sí* o *no*.

B y *C*: ¡adivinad!

¿Tienes hermanos? Tengo …	
un hermano una hermana	que se llama
(dos) hermanos (dos) hermanas	que se llaman
Soy hijo único / hija única	

5 ¿Quién soy? 📖

◆ Estudia los dibujos en la actividad 3. Escribe el nombre.

Ejemplo **1** Paco.

1 Soy hijo único.
2 Tengo un hermanastro.
3 Tengo dos hermanas.

4 Tengo un hermano gemelo y una hermana.
5 Tengo dos hermanas y un hermano.
6 Tengo dos hermanos gemelos.

♣ ¿Qué dicen los otros dos amigos en la actividad 3? Escribe globos:

Me llamo …   Tengo …

  ◆ Los hermanos   3.2 ♣ Carlos

You will learn:
● to talk about the members of your family and ask others about theirs

Pepa visita a Tomás.

1 La familia Willoughby

a Escucha y lee la historia. Copia y rellena cada espacio **1–6**.

Ejemplo **1** hermana.

1 Isabel es la … de Tomás.
2 Tomás es el … de Isabel.
3 Teresa es la …
4 Michael es el …
5 Hay … personas en la familia.
6 Teresa y Michael están …

madre	hermana
cuatro	separados
padre	hermano

b Estudia el árbol genealógico en la página 23. Adapta las frases **1–5** de la actividad **a** para describir la familia Álvaro Vallejas.

Ejemplo **1** Pilar es la hermana de Juan.

2 ¿Quiénes son?

Túrnate con dos o tres amigos.

A

¿Cuántas personas hay en tu familia?

Somos (cuatro).

¿Quiénes son?

Mi padre, (Tom) …

B

¿Cuántas personas hay en tu familia? Somos cuatro.	
¿Quiénes son?	mi padre / mi madre
	mi padrastro / mi madrastra
	mi hermano / mi hermana
	mi hermanastro / mi hermanastra
Mis padres están divorciados / separados	

El árbol genealógico de las familias Álvaro Vallejas y Willoughby.

Pablo · Ana · Omar · Carmina · Teresa · Michael · Pilar · Juan · Isabel · Tomás

3 El árbol genealógico

a ◇ Mira el cuadro. Adivina las palabras que faltan. Verifica en el diccionario.

son	?	la hija	*daughter*
uncle	el tío	?	*aunt*
cousin (m)	?	la prima	*cousin* (f)
grandfather	el abuelo	?	*grandmother*

b ◇ Estudia el árbol. Completa los globos.

Las personas importantes en mi vida

Mi … , Teresa.
Mi … , Michael.
Mi … , Pilar.
Mi … , Isabel.
Mi … , Omar.
Mi … , Carmina.

a ♣ Estudia el árbol y completa las frases.

Ejemplo Michael es el **tío** de Pilar y Juan.

Michael es el …**1**… de Pilar y Juan.

Pilar es la …**2**… de Isabel.

El …**3**… de Isabel y Tomás se llama Pablo.

Carmina es la …**4**… de Isabel.

La …**5**… de Teresa es Pilar.

Tomás es el …**6**… de Juan.

b ♣ Inventa dos o tres más para tu pareja.

c ♣ Dibuja el árbol genealógico de tu familia.

3.3	Familias
3.4	Árboles genealógicos

3C ¿Cuántos años tienes?

You will learn:
- the numbers 31–100
- to ask / say how old someone is

1 Más números

Escucha y lee. Apunta el número.

2 Con tu pareja

Túrnate con tu pareja:
A traza un número en la mesa; *B* adivina.

cuarenta   cincuenta   sesenta

setenta   ochenta   noventa   cien

A

B

¡cincuenta!

Los deberes

Edades de la familia ... ¿cómo se dice en inglés?

Ages of the family.

Tía Carmina, ¿cuántos años tienes?

Tengo cuarenta y un años.

¿Y tú, Mamá? ¿Cuántos años tienes?

Tengo treinta y ocho ..., ¡ay no! treinta y nueve años.

Mamá, ¿qué tal está el bebé?

Bien.

Yo tengo trece años e Isabel tiene catorce.

¡Omar y Juan!

¡Papá! ¿Cuántos años tienes?

¡Cien!

¡Papá!

Tengo cuarenta y cinco años.

Juan, ¿tienes once o doce años?

Doce.

Y tú, Tomás – tienes trece años, ¿no?

¡Sí!

¿Qué le pasa?

Tomás no tiene a su padre aquí – Michael está en Londres. Es muy difícil ...

---

3 Los deberes

◆ ¿Cuántos años tienen Juan, Carmina, Isabel, Omar, Pilar, Teresa, y Tomás?

Ejemplo Juan 12.

♣ ¿Cómo contesta Tomás?

Ejemplo **1** No, está en Londres.

1 ¿Tu padre no está en Sevilla?

2 ¿Qué tal estás?

3 ¿Cuántos años tienes?

4 ¿Qué tal tu mamá y el bebé?

4 Un puzzle

◆ Escribe en orden numérico.

Ejemplo veintitrés (23), treinta y uno (31) …

cuarenta y seis

treinta y uno

noventa y siete

veintitrés

setenta y cuatro

cincuenta y dos

ochenta y tres

sesenta y uno

cuarenta y ocho

♣ Contesta.

Ejemplo **1** Mi hermana tiene veinticuatro años.

1 Mi hermano tiene diecinueve años y mi hermana tiene cinco años más. ¿Cuántos años tiene mi hermana?

2 Mi padre tiene cincuenta años y mi madrastra tiene ocho años menos. ¿Cuántos años tiene ella?

3 ¿Cuántos años tengo? Mi hermano tiene dieciséis años y yo tengo tres años menos.

4 Mi padrastro tiene treinta y ocho años y mi madre tiene dos años menos. ¿Cuántos años tiene mi madre?

5 ¿Y tú?

◆ Empareja las preguntas y las respuestas.

1 ¿Cómo te llamas?

2 ¿Cuántos años tienes?

3 ¿Cuántas personas hay en tu familia?

4 ¿Quiénes son?

5 ¿Cómo se llama tu madre?

6 ¿Cuántos años tiene tu hermano?

a Somos tres.

b Tiene nueve años.

c Me llamo Merche.

d Mi madre, mi hermano y yo.

e Se llama Angela.

f Tengo trece años.

6 La entrevista

a Elige una foto e inventa una identidad y una familia.

Ejemplo **1**: Me llamo Concha y tengo trece años. En mi familia …

b Prepara una entrevista: utiliza las preguntas de la actividad 5.

¿cuántos años **tienes**?	(yo) **tengo** … años.
¿cuántos años **tiene** tu (padre)?	**tiene** … años.

▶ Gramática 11

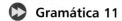 3.5 La lotería 3.6 ◆ Radio Sol

3D ¿Tienes algún animal?

You will learn:
- to say if you have a pet and ask others
- to say what kind of pet you have, or would like to have

¿Tienes algún animal en casa?

Sí, tengo un pájaro que se llama Nucho.

No, no tengo. ¿Y tú?

Me gustaría tener ...

 **a** un perro

 **b** un gato

 **c** un hámster

 **d** un ratón

 **e** un conejo

 **f** un pájaro

 **g** una serpiente

 **h** una cobaya

 **i** un gerbo

 **j** un pez

 **k** un insecto palo

 **l** una lagartija

 **m** una tortuga

¡Uf! ¡Te gustaría tener un zoo!

1 Los animales

a Escucha y lee lo que dicen Pepa y Tomás.

b ◆ Escucha las conversaciones 1–6. ¿Qué animales tiene cada persona? Apunta los números de los animales.

Ejemplo **1 f, j**.

♣ Para cada conversación 1–6, contesta a la pregunta correspondiente.

Ejemplo **1** Dino.

1 ¿Cómo se llama el animal?
2 Cuántos años tienen los animales?
3 ¿Qué animal no le gustaría tener?
4 ¿Cuántas personas hay en la familia?
5 ¿Tiene hermanos?
6 ¿Cuál es el nombre del animal?

> 3.7 Una encuesta: ¿tienes algún animal?

3 ¿Tienes ...?

Haz seis conversaciones con tu pareja.

A

> ¿Tienes algún animal?

> Sí, tengo un gato.

> ¿Cuántos años tiene?

> Tiene un año.

> ¿Cómo se llama?

> Se llama Nucho.

B

Nucho 1 año

Lali 3 años

Pipo 6 meses

Hugo 4 años

Suli 2 años

Miki 3 meses

4 La carta electrónica de Pilar

Lee la carta. Rellena cada espacio con la palabra correcta de las listas.

Ejemplo **1** llamo.

¡Hola!
Me ...**1**... Pilar. En mi familia somos cuatro: mi madre Carmina, mi ...**2**...
Omar, mi hermano Juan y yo. ¡Pero de momento somos muchas ...**3**... en
casa! Están aquí también mi tía Teresa y mis primos Isabel y Tomás.
Mis tíos están ...**4**.... Mi tío Michael está en Inglaterra. Es piloto.

¿Cuántos años ...**5**...? Yo tengo ...**6**... años. No tengo animales — me
gustaría tener un ...**7**..., pero Mamá dice que no. ¿Tienes tú algún ...**8**...?
Bueno, escríbeme pronto,

Pilar

| padre |
| personas |
| separados |
| llamo |

| perro |
| trece |
| tienes |
| animal |

Lee la carta otra vez. ¿Cada afirmación 1–6 es verdadera, falsa, o no se sabe?

Ejemplo **1** verdadera.

1 Pilar tiene un hermano.
2 Teresa tiene dos hijas.
3 Michael tiene hermanos.

4 Los padres de Pilar están separados.
5 A Pilar, le gustaría tener un perro.
6 En Inglaterra, Tomás tiene un gato.

5 Mi familia

Describe a tu familia. Utiliza la carta de Pilar como modelo. Explica:

- cuántas personas hay
- quiénes son y cómo se llaman
- cuántos años tienen

- si tienes algún animal, ¿qué tipo de animal es?
- cuántos años tiene tu animal, y cómo se llama
- si no tienes ningún animal, qué animal te gustaría tener

You will learn:
- to say when your birthday is and ask others
- to sing 'Happy Birthday' in Spanish

Feliz cumpleaños ...

Es el cumpleaños de Mamá.

¿Cuándo es tu cumpleaños, Isabel?

Es el diecinueve de febrero.

¿Y tu cumpleaños, José Luis?

El doce de agosto.

¿Cuándo es tu cumpleaños, Tomás?

Es el veintiuno de noviembre.

¿Y tu cumpleaños, Pepa?

¡El veintidós!

Mi cumpleaños es el primero de mayo.

¿Y Pilar? ¿Cuándo es su cumpleaños?

Es el siete de diciembre.

Una fiesta...

¡... para tu amiga especial, Pilar!

¡Estupendo!

¿Isabel?

1 ¿Cuándo?

Escucha y lee lo que dicen los amigos. Mira las fechas **a–f**. ¿De quién es el cumpleaños?

Ejemplo **a** 19/2 Isabel.

a 19/2   **b** 21/11   **c** 1/5   **d** 22/11   **e** 7/12   **f** 12/8

2 ¡Pregunta y apunta!

Intenta descubrir la fecha del cumpleaños de cada persona de tu clase.
Apunta los nombres y las fechas.

A

¿Cuándo es tu cumpleaños?

Es el **tres** de **mayo**.
¿Y el cumpleaños de **Alison**?
¿Cuándo es su cumpleaños?

Es el ... de ... / Lo siento, no sé.

B

mi	*my*
tu	*your (familiar)*
su	*his, her, your (formal)*

▶ **Gramática 7, AL 3**

 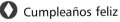

3.8 ◆ Cumpleaños feliz

● **Tener** – *to have*

(yo)	tengo	*I have*	(nosotros)	tenemos	*we have*
(tú)	tienes	*you have (informal)*	(vosotros)	tenéis	*you have (informal)*
él/ella	tiene	*he/she has*	(ellos/ellas)	tienen	*they (m/f) have*
usted	tiene	*you have (formal)*	ustedes	tienen	*you have (formal)*

1 **Choose the correct part of the verb.**

E.g. Yo **tengo**...

Yo *(tengo/tienes)* una cobaya, y un perro que *(tienes/tiene)* once años. ¿*(Tienes/tiene)* tú algún animal? *(Tengo/Tienes)* un amigo, Gabi, que *(tienes/tiene)* peces tropicales, pero su madre *(tengo/tiene)* un gato. ¡Fatal!.

 Make new sentences using the prompt.

E.g. **Tú tienes** dos perros – ¡qué bien!

1 Tengo dos perros – ¡qué bien! *(tú)*
2 Juan tiene un insecto palo, ¿verdad? *(Sara)*
3 Y Arancha tiene una lagartija. *(yo)*
4 ¿Alberto y Lourdes? Tienen conejos. *(José)*
5 Nosotros no tenemos animales. *(vosotros)*

● **Mi, tu, su** – *my, your, his, her, your*

SINGULAR		PLURAL	
mi	*my*	mis	*my*
tu	*your (informal)*	tus	*your (informal)*
su	*his, her, your (formal)*	sus	*his, her, your (formal)*

2 **Choose from *mi*, *tu*, *su* to fill each gap correctly.**

E.g. ¿Cuántas personas hay en **tu** familia?

A

¿Cuántas personas hay en ... familia?

Somos tres en ... familia.

¿Tienes algún animal favorito?

Sí, ... gato.

¿Cómo se llama ... gato?

... nombre es Suki. Tiene tres años.

¿Cuándo es ... cumpleaños?

El cumpleaños de Suki? ¡Ni idea!

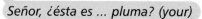 **Andrés can't find anything today. Put the words in brackets into Spanish.**

E.g. ¿Tienes **mi** boli azul?

A

¿Tienes ... boli azul? (my)

No, pero tengo ... cuaderno. Toma. (your)

Señor, ¿ésta es ... pluma? (your)

No, es de Ali. Y éstos son ... libros. (his)

¿Y ... pluma? No sé dónde está. (my)

... mochila está aquí. La pluma, no. (your)

¿Y ... deberes, Andrés? (your)

¿... deberes? ¡Hoy, no tengo nada! (my)

4 ¿Cómo eres?

You will learn:
- the names of colours
- to say you like/don't like something, and ask others

Grammar: *gustar* (to like)

1 Los colores

a Escucha a Pilar e Isabel y mira los colores.

b Escucha a Isabel. ¿Qué dice? Completa las frases 1–5 con los colores apropiados.

Ejemplo **1** el rojo.

1 Me gusta mucho ...

2 Me gusta ...

3 No está mal ...

4 No me gusta ...

5 No me gusta nada ...

c Túrnate con tu pareja. Habla de los colores. Da tu opinión.

A
¿Te gusta el rojo?

B

Sí, no está mal. ¿Te gusta el gris?

¡No! No me gusta nada! ¿Te gusta ...?

2 Yo y los colores

Haz la actividad **a** o **b**.

a Haz tu globo o paraguas personal.

Ejemplo
Mi globo
Me gusta el azul
me gusta mucho el amarillo
y me encanta el rojo.

Mi paraguas
No me gusta
mucho el amarillo
y no me gusta el lila
¡y no me gusta nada el gris!

b ¿Los días de la semana tienen un color para ti?
Escribe un poema.

¿El lunes? No me gusta nada.
El lunes es **negro**.
¿El martes? No está mal.
El martes es **verde**.

3 Los novios

⬥ Copia la conversación. Para cada dibujo,
escribe la frase o palabra apropiada.

Ejemplo Raúl: ¿Qué color te gusta? ¿El azul?

RAÚL ¿Qué color te gusta? ¿El 🔵?
NURIA No, está mal. Prefiero el 🔵. ¿Y tú?
RAÚL No. El 🔵 está bien.
NURIA ¡Ay no! ¿Te gusta el 🔵?
RAÚL ¡Qué horror! ¿Qué opinas del 🔵?
NURIA Sí, me gusta un poco. Pero no mucho.
RAÚL ¡Es imposible! ¿Y no te gusta el 🔵?
NURIA No me gusta nada. Bueno, la solución es ...
el blanco.
RAÚL ¡Perfecto – el blanco!

♣ Copia y completa el cuadro con los colores
apropiados.

	NURIA	RAÚL
🙂🙂🙂	Verde, ...	
😐		
🙁🙁		

¿Te gusta (el rojo)?   (No) me gusta mucho / nada

Me / Te / Le gusta a (Raúl)

▶ **Gramática 15**

4.1 Los colores

4B ¿Cómo soy?

You will learn:
- to talk about your personality and ask others

Grammar: adjectives (singular), *ser* to be (singular)

Normalmente, soy ... tímido.

¡Qué va! Eres extrovertido.

Normalmente, soy ... antipático.

No, eres simpático.

Normalmente, soy serio.

Eres gracioso y alegre.

Normalmente, soy callado.

En tu dormitorio, eres hablador.

Normalmente, soy trabajador.

Sí, pero en tu dormitorio, ¡eres perezoso!

Normalmente, soy pesimista.

¡Qué va! Eres optimista.

1 ¿Cómo soy?

a Escucha la conversación entre Tomás y Pepa.

b ¿Son contrarios o no? Escribe *sí* o *no*.

Ejemplo **1** no.

1 antipático / extrovertido
2 perezoso / trabajador
3 serio / gracioso
4 tonto / simpático
5 hablador / callado
6 optimista / pesimista

De carácter, ¿cómo son Pepa, Tomás, Pilar, Isabel y Roberto? Descríbelos.

Ejemplo Pepa es extrovertida y graciosa.

	(m)	(f)
-o	serio	seria
-or	hablador	habladora
-e	alegre	alegre
-a	optimista	optimista

Gramática 6, AL 4

2 ¿De acuerdo? ¡Qué va!

Túrnate con tu pareja. Describe a las personas de tu clase.

A

Sarah es habladora.

B

*¡Qué va! Es callada.
Muhammed es ...*

✔ ¡De acuerdo!   ✘ ¡Qué va!

(yo)	soy
(tú)	eres
(él, ella, usted)	es

▶ **Gramática 11**

3 Los corresponsales 4.2

a ◆ Pon en orden los párrafos de la carta, según los apuntes.

Ejemplo **a 3** ...

Carta a mi corresponsal

a nombre, apellido   e yo – mi carácter
b edad, cumpleaños   f mi mejor amigo/a
c familia   g conclusión
d animales

1 *Somos cinco personas en casa: mi madre, mi padrastro, mis hermanos, Paco y Eduardo, y yo.*

2 *Tengo dos pájaros que se llaman Miki y Quiqui. Miki es azul, amarillo y verde, y es tranquilo, pero a veces Quiqui es agresivo (¡como mi hermano Paco!).*

3 *¡Hola! Me llamo Guillermo Bernal y soy de México.*

4 *Es difícil en casa, porque no me gusta mi padrastro. Es estricto y callado. ¿Y yo? Soy optimista, ¡pero perezoso!*

5 *Bueno, ¡basta por hoy! La próxima vez, te mando una foto. Escríbeme pronto, Guillermo.*

6 *Tengo catorce años, y mi cumpleaños es el dieciocho de marzo. ¿Cuándo es tu cumpleaños?*

7 *Me gusta mucho mi mejor amiga, Carmel. Es bastante tímida y en un grupo grande no es muy habladora. Pero normalmente es muy simpática y alegre. ¿Tienes tú un mejor amigo? ¿Cómo se llama? ¿Por qué te gusta?*

♣ Lee la carta otra vez. Empareja las frases **1–6** y las palabras **a–g**. Sobra una palabra.

Ejemplo **1 b**.

1 A veces, Quiqui es
2 En un grupo grande, Carmel es un poco
3 El padrastro de Guillermo es muy
4 El carácter de Guillermo es bastante
5 A veces, Paco es
6 A Guillermo, le gusta Carmel por que ella es

a antipático/a
b agresivo/a
c estricto/a
d callado/a
e positivo/a
f hablador/a
g amable

¿Cómo se dicen en inglés?

un poco   bastante
muy   normalmente
a veces

b Escribe una carta. Utiliza los apuntes **a–g** y la carta de Guillermo como modelo.

De carácter, ¿cómo eres?   Soy ... alegre, simpático/a, etc. (act.1)

4.3 ◆ Una carta   4.4 El carácter

4C Mi físico

You will learn:
- to describe your build and ask others
- to describe your hair and eye colour

| 1 Soy alto/a. | 2 Soy bajo/a. | 3 Soy delgado/a. | 4 Soy gordito/a. | 5 ¡Soy de estatura media! ¿Y tú, Carlos? |

| 6 Tengo el pelo negro. | 7 Tengo el pelo rubio. | 8 Tengo el pelo moreno / castaño. | 9 Soy pelirrojo/a. |

| 10 Tengo los ojos grises. | 11 Tengo los ojos azules. | 12 Tengo los ojos marrones. | 13 Tengo los ojos verdes. |

1 En broma

a Escucha a José Luis y a Carlos en la tienda.

b Escucha a los jóvenes Cristóbal, Gema y Tere, y mira los dibujos de arriba. Apunta los números apropiados para cada persona.

Ejemplo Cristóbal – **2, 4, …**.

2 El teléfono de la amistad 💬

Utiliza los dibujos de abajo para hacer
conversaciones con tu pareja.

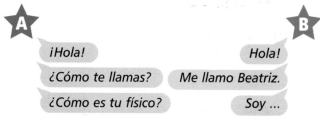

A
¡Hola!
¿Cómo te llamas?
¿Cómo es tu físico?

B
Hola!
Me llamo Beatriz.
Soy ...

¿Cómo es tu físico?

¿Cómo tienes el pelo?

¿Cómo tienes los ojos?

De carácter, ¿cómo eres?

Beatriz — Jaime — Soo Wun — Ramona

(¡Inventa!) (¡Inventa!) (¡Inventa!) (¡Inventa!)

3 El físico 📖

◈ Lee los mensajes por correo electrónico y los dibujos de la
actividad 2. ¿Quién habla en cada mensaje?

Ejemplo **a** Jaime.

a Tengo catorce años, y tengo los ojos verdes y el pelo rubio.

b Soy de estatura media, pero un poco gordito: ¡me gusta mucho el chocolate!

c ¿Yo? Soy amable y alegre. Tengo el pelo marrón y los ojos marrones.

d ¿Cómo es mi físico? Tengo los ojos muy azules, y soy pelirroja.

e Soy un poco bajo y delgado; de carácter soy positivo y gracioso.

f Según mis amigos, soy seria y responsable. ¿Mi físico? Soy bastante alta y delgada.

g ¿Cómo eres? Yo tengo el pelo negro y los ojos grises.

♣ ¡Pobre Pilar! Lee lo que dice y
rellena los espacios con la
palabra correcta del cuadro.

¡No me gusta ...**1**... mi físico! Soy
baja y ...**2**..., pero Isabel es muy
delgada y ...**3**... . Ella tiene el pelo
...**4**... y los ojos ...**5**... y enormes.
Es guapa, ...**6**... y graciosa. Pero yo,
por el contrario, soy ...**7**... y no
muy habladora. José Juis es mi
amigo especial, pero le ...**8**...
mucho a Isabel también.

gordita verdes tímida alta
nada moreno extrovertida gusta

| ¿Cómo es tu físico? | Soy (alto/a) *(act. 1)*. Tengo el pelo (negro) y los ojos (verdes) *(act. 1)* |
| ¿Cómo es su físico? | Es ... Tiene ... |

4.5 Así somos 4.6 ◈ Mi hermano mayor 4.7 ♣ Los desaparecidos

4D Somos ...

You will learn:
Grammar: *ser* – to be (plural)
adjectives (plural)

¡Hola! Soy Kiko Cuervo.

Somos los primos de Kiko.

¡Sois imposibles!

¡Uh-ho! ¡Mamá!

¡Qué va! Son majos...

¡Son pesados!

1 Kiko Cuervo y los primos

a Lee la historia. Elige tres adjectivos para completar cada frase.

1 Según Kiko Cuervo, sus primos son ...
2 Según la mamá, sus hijos son ...

(nosotros)	somos
(vosotros)	sois
(ellos, ellas, ustedes)	son

▶ **Gramática 11, AL 4**

| simpáticos | antipáticos | tontos | graciosos | divertidos | molestos |

b Lee y completa la conversación en clase con *somos*, *sois* o *son*.

PROFE	Ahora, los deberes: leed las páginas 10–22.
AMAYA	¡Ay no! ¡...**1**... muchas páginas!
PROFE	Pero, chicas, ...**2**... muy inteligentes.
NURIA	Sí, es verdad que no ...**3**... perezosas, pero tenemos muchos deberes ya.
GABI Y MATEO	¿Y nosotros? ¡...**4**... trabajadores también!
PROFE	Vale, vale, chicos. ¡Qué pesados ...**5**... todos! ¡Páginas 10–15, entonces!

2 Los amigos

a Lee lo que dice Rosario. Copia y completa el cuadro.

Mi mejor amiga se llama Marta. Es graciosa en general, y me gusta porque es seria en clase. Tengo unas amigas que no son muy trabajadoras, y esto está fatal. En mi opinión, los mejores amigos son alegres, comprensivos y optimistas.

	-o	-e	-a	-or
(m)(s)	serio	alegre	optimista	trabajador
(f)(s)	seri_	alegre	optimista	trabajadora
(m)(pl)	serios	alegre_	optimista_	trabajadores
(f)(pl)	serias	alegres	optimistas	trabajador_

▶ **Gramática 6, AL 4**

b ¿Cómo son los mejores y peores amigos y compañeros, en tu opinión? Escribe unas frases.

Ejemplo Los mejores amigos son comprensivos ...   Los peores compañeros de clase son impacientes ...

3 ¡Escucha bien!

Escucha las conversaciones 1–6. En cada una, ¿se habla de un chico *(m)(s)*, una chica *(f)(s)*, de unos chicos *(m)(pl)* o de unas chicas *(f)(pl)*?

Ejemplo **1** *(m)(s).*

| 4.8 | Tú y yo |

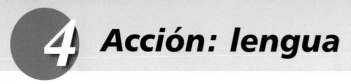

Acción: lengua

ser (to be); adjectives

● **The verb ser (to be) is as follows:**

(yo)	soy	*I am*
(tú)	eres	*you are (informal)*
(él)	es	*he is*
(ella)	es	*she is*
(usted)	es	*you are (formal)*

(nosotros)	somos	*we are*
(vosotros)	sois	*you are (informal)*
(ellos)	son	*they are*
(ellas)	son	*they are*
(ustedes)	son	*you are (formal)*

1 ◗ **Choose the correct part of the verb from the alternatives in brackets.**

E.g. Me llamo Felipe y **soy** de Perú.

¡Hola! Me llamo Felipe y (*soy/eres*) de Perú. En mi familia (*sois/somos*) cinco: mi padre, que (*es/son*) simpático, ¡y mis hermanas que no (*son/sois*) muy amables a veces! ¿Cómo (*es/eres*) tu familia? Yo (*es/soy*) alto y delgado. ¿Cómo (*es/eres*) tú?

♣ **It's the first week of term. Fill each gap with the correct part of the verb *ser* (to be).**

E.g. **1** eres.

INMA	Tú ...**1**... el hermano de Juan, ¿no?
PACO	Sí, ...**2**... hermanos.
INMA	Y tú y Juan, ¿...**3**... gemelos?
PACO	Sí. Y tu profe, ¿cómo ...**4**...?
INMA	Amable. ¿Cómo ...**5**... tus profes?
PEDRO	¡Severos! Pero yo ...**6**... perezoso!

● **Endings of adjectives**

These can change, depending on whether they describe a noun which is masculine, feminine, singular or

Singular adjectives

(m)(s)	(f)(s)	
-o	-a	serio, seria
-e	-e	verde, verde
-a[1]	-a	optimista, optimista
-l, s	-l, s	azul, azul
-or[2]	-ora	trabajador, trabajadora
-ón[2]	-ona	glotón, glotona

Plural adjectives

(m)(pl)	(f)(pl)	
-os	-as	serios, serias
-es	-es	verdes, verdes
-as	-as	optimistas, optimistas
+es	+es	azules, azules
+es	+as	trabajadores, trabajadoras
-ones	-ones	glotones, glotonas

[1] Colours *rosa, naranja, lila* do not change at all, either in the singular or the plural.
[2] *Mayor/marrón* do not change in the *(f)(s)*.

2 ◗ **Read the recipe for a happy start to the school year. Change the underlined adjectives, if necessary.**

E.g. una mochila nuev**a**.

una mochila <u>nuevo</u>	un tutor <u>amable</u>
un monedero <u>lleno</u>	una directora <u>bueno</u>
un uniforme <u>limpio</u>	un libro <u>interesante</u>
una clase <u>simpático</u>	una amiga <u>comprensivo</u>
una aula <u>agradable</u>	una profesora <u>simpático</u>

♣ **Put the adjectives in brackets into the correct form: (m)(s), (f)(s), (m)(pl) or (f)(pl).**

E.g. ... y soy alt**a** ...

Me llamo Sara, y soy (*alto*) y bastante (*delgado*). Tengo los ojos (*marrón*), y el pelo (*moreno*). Mis hermanos son (*guapo*) y (*alegre*), pero mi hermana (*mayor*) es (*pesado*) a veces. Mis padres son (*simpático*) en general. Mi madre no es (*bajo*), pero es un poco (*glotón*), ¡como yo!

5 Vamos al insti

5A ¿Qué asignaturas estudias?

You will learn:
- to talk about school subjects
- to say what you have on each day

Tu mochila – toma. ¿Qué tienes hoy?

¿Francés?

No, inglés.

Tengo geografía, pero no tengo historia...

Un momento: tengo dibujo.

¿Tienes matemáticas?

Mm ... sí. Y tecnología.

¿Tienes ciencias? ¿Física? ¿Química?

No ... y no tengo biología. Y no tengo música ...

Hola, Pepa.

La ética – ¿qué es exactamente?

Es como el PSHE en Gran Bretaña – religión, educación social y personal ...

Pero hoy, no hay.

¿No tienes deporte?

¡Ah, sí!

¡Muchas gracias, Tomás!

Adiós, Mamá.

1 ¿Qué tienes hoy?

Escucha a Tomás y Teresa. Mira los dibujos de las asignaturas **1–12**.
¿Tomás tiene cada una, o no? Escribe *sí* o *no*.

Ejemplo **1** sí.

1
2
3
4
5
6

7
8
9
10
11
12

2 Mi horario

◆ Escucha a los cinco jóvenes: Nieves, Bernal, Alicia, Iñigo, Víctor. Apunta las asignaturas que tiene cada uno: utiliza los números de los dibujos de la actividad **1**.

Ejemplo Nieves: **1, 4, ...**

♣ Para cada joven, ¿el día está bien 😊, no está bien 😞, o no está mal 😐?

Ejemplo Nieves: 😐

3 ¡Adivina el día!

Mira tu horario y túrnate con tu pareja. *A* dice las asignaturas que tiene (¡no necesariamente en el orden correcto!) y *B* adivina el día.

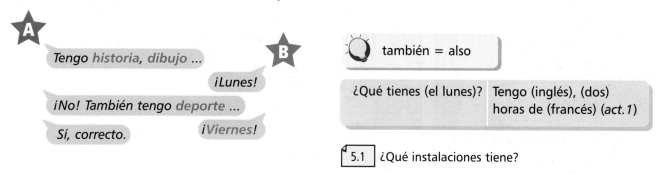

A

Tengo historia, dibujo ...

¡Lunes!

¡No! También tengo deporte ...

Sí, correcto.

¡Viernes!

B

💡 también = also

¿Qué tienes (el lunes)? | Tengo (inglés), (dos) horas de (francés) (*act.1*)

5.1 ¿Qué instalaciones tiene?

4 La carta de Miguel

◆ Lee la carta. Utiliza los dibujos **1–8** para adaptar la carta y escribir otra.

Ejemplo **1** El lunes, tengo literatura y **geografía** (fatal).

¡Mi horario es un desastre! El lunes, tengo literatura y <u>lengua</u>[1] (fatal). El martes, tengo <u>tecnología</u>[2], y el profesor es antipático. También el miércoles tengo dos horas de <u>química</u>[3] — ¡qué horror! Es un día horrible: <u>matemáticas</u>[4] y física también. El <u>viernes</u>[5] está bien, porque tengo dos horas de <u>deporte</u>[6]. Bueno, basta por hoy — ¡tengo deberes de <u>informática</u>[7] e <u>historia</u>[8] para mañana!
Hasta pronto,
Miguel

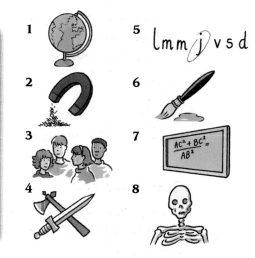

♣ Lee la carta de Tomás otra vez. En cada frase **1–5**, elige la opción que *no es* correcta. Utiliza el diccionario, si es necesario.

Ejemplo **1** b.

1 A Tomás no le gusta(n): **a** las ciencias **b** los deportes **c** la lengua española

2 Tomás es un chico: **a** mal organizado **b** bien organizado **c** despistado

3 A Tomás, no le gustan: **a** los lunes **b** los miércoles **c** los viernes

4 Pepa es: **a** una amiga **b** una compañera **c** la gemela de Tomás

5 Pepa es: **a** rubia **b** morena **c** simpática

You will learn:
● to say whether you like a subject or not
● to give a reason for liking/disliking
Grammar: *gustar* (to like); revision of plural adjectives

1 ¿Gusta o gustan?

a Escucha y lee la historia de arriba.

b ◆ Túrnate con tu pareja para dar tu opinión de tus asignaturas.

♣ Habla con tu pareja de tus asignaturas: utiliza el cuadro como ayuda.

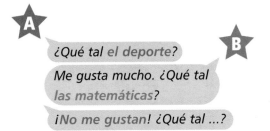

> **A**
> **B**
> ¿Qué tal el deporte?
> Me gusta mucho. ¿Qué tal las matemáticas?
> ¡No me gustan! ¿Qué tal ...?

> **A**
> **B**
> ¿Te gustan las ciencias?
> Sí, me gustan mucho. ¿Y a ti?
> A mí también. ¿Te gusta la historia?
> No me gusta mucho. ¿Y a ti?
> A mí tampoco.

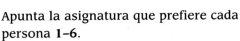 ☺ ¡a mí, sí / también! ☹ ¡a mí, no / tampoco!

2 ¿Qué asignatura prefieres?

Apunta la asignatura que prefiere cada persona 1–6.

Ejemplo **1** La tecnología.

> ¿Qué asignatura prefieres?
> (Yo) prefiero…
> (Miguel) prefiere…

(no) me gusta	el	inglés, francés, alemán, español, dibujo
	la	geografía, historia, tecnología, ética, música, física, química, biología, informática
(no) me gustan	los	trabajos manuales, deberes
	las	ciencias, matemáticas

3 ¿Qué opina Tomás?

Escucha a Tomás. Empareja la asignatura y su reacción.

Ejemplo **1 d.**

1 el inglés	
2 el dibujo	
3 el francés	
4 el deporte	
5 la historia	
6 la ética	

a es divertido

d es fácil ⁶⁄₆

b es aburrido

e es interesante

c es difícil ¹⁄₆

f la profe es simpática

4 ¿Cómo son las asignaturas?

a ¡Repaso! Mira la formación de adjetivos de la Acción: lengua 4, página 37.
Copia y completa los adjetivos del cuadro correctamente.

> el (francés) es divertido, interesante, fácil
>
> la (historia) es divertid_, interesante, fácil
>
> los (deberes) son divertid_, interesante_, fácil_
>
> las (ciencias) son divertid_, interesante_, fácil_

b Completa cada opinión **1–6** con la forma correcta del adjetivo.

Ejemplo **1** La geografía es aburrid**a**.

1 La geografía es (aburrido).

2 La música es (divertido).

3 La historia es (interesante).

4 Las matemáticas son (interesante).

5 Los trabajos manuales son (difícil).

6 Las ciencias son (fácil).

5 En mi opinión

◊ Adapta las frases de la actividad 4b para dar tu opinión.

Ejemplo **1** La geografía es difícil – no me gusta nada.

♣ Escribe tu opinión sobre cuatro o cinco de tus asignaturas.

Ejemplo Me gusta mucho la literatura porque es interesante y fácil. Pero no me gustan nada los trabajos manuales porque son difíciles y aburridos, aunque el profe es simpático.

pero	*but*
aunque	*although*

6 Mis comentarios

Estudia el horario de Tomás y sus comentarios. Prepara tu propio horario en español, y añade tus comentarios personales.

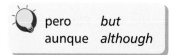

lunes	martes	miércoles	jueves	viernes
inglés	geografía	lengua	geografía	deporte
ciencias	tecnología	francés	inglés	lengua
matemáticas	deporte	dibujo	tecnología	ética
historia	ciencias	historia	dibujo	francés
francés	lengua	ética	deporte	ciencias
lengua	matemáticas	inglés	matemáticas	tecnología

¡Bonjour! — la geografía es interesante...

¡fatal! / Me gusta el inglés

matemáticas ¡qué difícil! — ¡viernes es FENOMENAL!

| 5.2 | Una encuesta | 5.3 | ◊ Los gustos | 5.4 | ♣ ¿Qué opinas? |

You will learn:
- to ask and give the time
- to say when and where you have a subject
- to say how many hours a week you study it

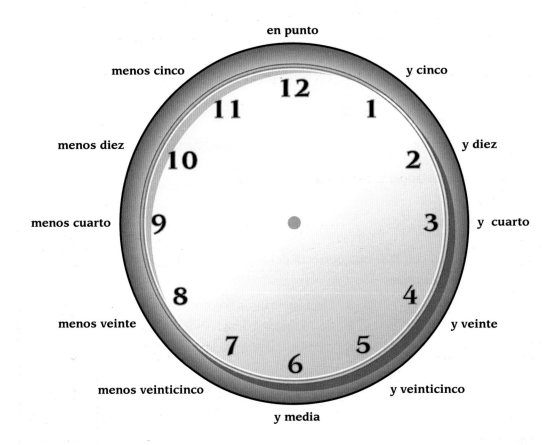

en punto

menos cinco — y cinco

menos diez — y diez

menos cuarto — y cuarto

menos veinte — y veinte

menos veinticinco — y veinticinco

y media

1 ¿Qué hora es?

a Escucha a Ali, Eduardo, Nuria, Rogelio y Pedro.

◆ ¿Qué hora es?

Ejemplo Ali 9:00.

♣ ¿Qué asignatura tiene?

Ejemplo Ali geografía.

b Escucha. Para cada conversación **1–7**, elige la hora apropiada **a–h**. Sobra una.

Ejemplo **1 d**.

3:45	5:00	2:05	10:00	6:25	8:30	7:25	9:15
a	b	c	d	e	f	g	h

¿Qué hora es?	Es la una	y media, y / menos cuarto, veinte, *etc.*
	Son las dos	(*act. 1*)

3   El horario 5.5

a   Escucha. Las palabras o expresiones en cursiva no son correctas. Corrígelas.

Ejemplo   **1** el lunes, física, ...

1 ¿Qué tienes el *(martes)* por la mañana?	Tengo *(lengua)* y luego *(literatura)*.
2 ¿Cuándo tienes *(historia)*?	El *(martes a las diez)* y el *(viernes a las diez)*.
3 ¿En qué aula tienes *(matemáticas)*?	En el aula *(diez)*.
4 ¿Cuántas horas de *(inglés)* tienes?	Tengo *(tres)* horas a la semana.

b   Túrnate con tu pareja. Habla del horario. Utiliza las preguntas y respuestas de la actividad **a**.

A

> ¿Qué tienes el martes por la mañana?

B

> Tengo física y luego matemáticas.

> ¿Cuándo tienes ...?

	8:00	9:00	10:00
lunes	14 Esp.	lb1	20
martes	20	10	14 Esp.
miércoles	5	18	12

	11:30	12:30	1:30
lunes	5	cd	cd
martes	lb3	sa2	14
miércoles	14 Esp.	5	20

cd: *campo de deportes*   **lb**: *laboratorio*   **sa:** *sala de ordenadores*

c   Simón describe su horario (arriba), pero hay ocho errores: corrígelos.

Ejemplo   **1** Tengo **seis** horas de clase al día.

Mi horario no está mal. Tengo <u>cinco</u> horas de clase al día. El lunes por la mañana, tengo <u>literatura</u> a las ocho – ¡qué horror! – y otra vez el <u>miércoles</u> a las diez. Tengo cinco horas de matemáticas a la semana. Me gusta mucho mi horario el lunes: después de las doce, dos horas de <u>dibujo</u>. ¿Inglés? El lunes tengo una clase a las <u>once</u>. Pero tengo las clases de inglés en el aula <u>seis</u>, ¡que es una aula horrible! El martes por la <u>mañana</u> tengo biología – mi asignatura favorita. Pero después tengo informática a las <u>once</u>, y es muy aburrida.

d   ¿Cómo es tu horario? Descríbelo. Utiliza la carta de Simón como modelo.

5.6 | Por favor   5.7 | El horario de Tomás

5D ¿Te interesa ...?

You will learn:
- further ways of expressing likes and dislikes

Grammar: revision of *gustar*

1 Los gustos

Escucha las opiniones **a–i**, y apunta la asignatura mencionada.

✓✓ Me encanta ...**a**...	✗ No me gusta mucho ...**e**...
✓✓ Me gusta mucho ...**b**...	✗ No me interesa mucho ...**f**...
✓ No está mal ...**c**...	✗✗ No me gusta nada ...**g**...
✓ Me gusta bastante ...**d**...	✗✗ Odio ...**h**... /Detesto ...**i**...

2 ¿Te interesa ...?

Utiliza los dibujos para hacer dos conversaciones: pregunta y contesta.

A ¿Te interesa la historia?

B ¡Sí, me encanta! ¿Y a ti?

¿? = ¿y a ti?

(Conversación 1)   *(Conversación 2)*

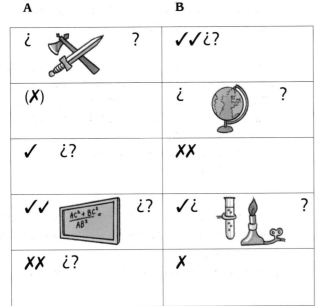

me gusta, me encanta, me interesa, no está mal	el / la ...	¿Y a ti?
me gusta**n**, me encanta**n**, me interesa**n**, no está**n** mal	los / las ...	
odio, detesto	el / la / los / las ...	

5.8 Una presentación

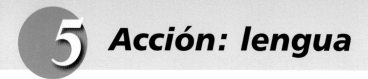

5 Acción: lengua

Using *gustar* (to like)

● **The verb gustar *(to like)* is as follows:**

me	gusta (a mí)	*I like*
te	gusta (a ti)	*you like (informal)*
le	gusta (a él)	*he likes*
le	gusta (a ella)	*she likes*
le	gusta (a usted)	*you like (formal)*

nos	gusta (a nosotros)	*we like*
os	gusta (a vosotros)	*you like (informal)*
les	gusta (a ellos)	*they like*
les	gusta (a ellas)	*they like*
les	gusta (a ustedes)	*you like (formal)*

When the things liked are plural (*los/las*), use *gustan*: e.g. *Me gustan los deberes.*

A name can be used instead of *él / ella / ellos / ellas*: e.g. *Le gusta a **Paco** el francés.*

1 ◆ **Gabi asks Celia what she likes at school. Read the questions and replies, and complete each gap with *gusta* or *gustan*.**

E.g. **1** ¿Te **gusta** el inglés?

¿Te ...**1**... el inglés? No, no mucho.
¿Te ...**2**... las matemáticas? No – ¡qué horror!
¿Te ...**3**... la historia? No, ¡ni hablar!
¿Qué te gusta entonces? Me ...**4**.... el recreo.
¿Qué más? Me ...**5**... los deportes.
¿Es todo? ¡Me ...**6**... los viernes también!

2 ◆ **Maite and Pablo talk about their classes. Choose the correct word from the brackets.**

E.g. ¿A ti **te** gusta el horario, Unai?

EVA   ¿A ti (te/le) gusta el horario, Unai?
ALI   Sí. Pero no (me/le) gusta mi tutor.
EVA   ¿No? A Ana no (me/le) gusta tampoco.
ALI   Es estricto. ¿Qué tal las chicas de tu clase – ¿(me/te) gustan?
EVA   Una chica no (le/me) gusta – es pesada.
ALI   ¡A qué no (le/te) gusta a tu tutor tampoco!

3 ◆ **Match up the two halves of the sentences correctly.**

E.g. **1 c.**

1	Me gusta …	**a**	a ti los idiomas, ¿verdad?
2	No le gustan …	**b**	a Marcos el alemán.
3	Te gustan …	**c**	a mí el francés.
4	Me gustan …	**d**	a él los deberes.
5	No le gusta …	**e**	a ti la literatura, ¿no?
6	Te gusta …	**f**	a mí las ciencias.

♣ **Replace the symbols below in Amaya's diary with expressions for liking/disliking: find as many ways as you can for each.**

E.g. Me gusta bastante la ética /
No está mal, la ética.

1	la ética	✓
2	la literatura	✗
3	los trabajos manuales	✓✓
4	la física	✗✗
5	las matemáticas	✓

♣ **Choose the correct word to fit each gap in Marta's comments: *me, te, le, nos, os,* or *les*. There will be one left over.**

¿Es verdad que a los chicos ...**1**... gustan más las ciencias, y a las chicas los idiomas? ¡No sé! A mí, ...**2**... gusta la física, y a mi novio Juanjo ...**3**... encanta el inglés. ¿Y a vosotros, los estudiantes británicos, qué ...**4**... gusta?
¡Me parece que a nosotros los españoles ...**5**... gusta un poco de todo!

♣ **Change the underlined words according to the prompt in italics, and make other changes as necessary.**

E.g. A **vosotros os** gustan los idiomas, ¿no?

– A <u>ti</u> te gustan los idiomas, ¿no?   *(vosotros)*
+ A <u>mí</u>, sí me gustan.   *(nosotros)*
– A <u>Miguel</u> no le gusta el inglés.   *(Ana y Javi)*
+ ¡A <u>él</u> no le gusta nada!   *(ellos)*
– ¿A <u>ti</u> te gusta el nuevo director?   *(vosotros)*
+ Sí, a <u>mí</u> me gusta. Es simpático.   *(nosotros)*

cuarenta y cinco **45**

1-5 ¡Repaso!

1 ¡Rompecabezas!

a ¿Qué palabra es distinta en cada línea?

Ejemplo Nieves: **1**, hermana.

1 quince, hermana, treinta y dos, ochenta.
2 primo, tío, abuela, amigo, madre.
3 mayo, julio, domingo, agosto, enero.
4 puerta, magnetofón, vídeo, ordenador.
5 me gusta, prefiero, odio, me gusta bastante.

b Escribe lo contrario.

Ejemplo Nieves: **1**, Mi hermano es **pesimista**.

1 Mi hermano es <u>optimista</u>.
2 Mi mejor amiga es <u>tímida</u>.
3 ¡Soy bastante <u>estúpido</u>!
4 El profe es <u>aburrido</u>.
5 En clase, soy <u>habladora</u>.

2 ¿De qué hablan?

a Escucha. ¿En qué orden se habla de las asignaturas? Escribe los números **1–7**. Sobra uno.

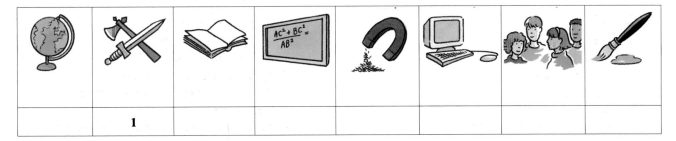

b Un chico quiere visitar Gran Bretaña. Escucha y apunta la información.

1 Nombre: ....
2 Edad: ....
3 Cumpleaños: ....

4 Número de personas en la familia: ....
5 Animal(es) en casa: ....
6 Asignatura favorita: ....

3 ¡Cuánto sabes!

a Elige la palabra correcta del cuadro para cada espacio. Se pueden utilizar más de una vez. (1A = Unidad 1A).

cómo	cuántas
cuándo	quiénes
cuántos	qué

1 ¿...... te llamas? *(1A)*
2 ¿...... se escribe tu nombre? *(1B)*
3 ¿...... años tienes? *(3C)*
4 ¿...... es tu cumpleaños? *(3E)*
5 ¿De carácter, ... eres? *(4B)*
6 ¿...... es tu físico? *(4C)*

7 ¿...... personas hay en tu familia? *(3B)*
8 ¿...... son? *(3B)*
9 ¿...... asignaturas estudias? *(5A)*
10 ¿...... asignatura prefieres? ¿Por qué? *(5B)*
11 ¿...... horas de clases tienes al día? *(5C)*
12 ¿...... clases de español tienes a la semana? *(5C)*

b Con tu pareja: haz las preguntas **1–12** y contesta. Graba la conversación, si quieres.

4 A ser autor ...

Escribe un librito en español, con dibujos si quieres. Puede ser:

a un librito para enseñar algo – los colores, la hora, los meses y los días, las asignaturas ...

b una descripción de un personaje imaginario. Incluye detalles de su físico, carácter, familia, instituto, etc.

5 Las opiniones 5.9

♣ ¿Qué opina cada joven? Escribe ✓ si le gusta la asignatura, y ✗ si no le gusta.

Ejemplo	✗				✓		
Auri							
César							
Reyes							

6 La carta electrónica

a Lee la carta. Celia menciona las cosas 1–6? Escribe *sí* o *no*.

Ejemplo **1** no.

1 su edad
2 los miembros de su familia
3 sus asignaturas favoritas
4 su instituto
5 sus animales
6 la fecha de su cumpleaños

b ♣ Lee la carta otra vez. ¿Son verdaderas o falsas las frases 1–6?

Ejemplo **1** verdadera.

1 Celia está muy bien.
2 Los padres tienen tres hijos.
3 Quino es alegre y hablador.
4 A Celia, no le gusta mucho Quino.
5 Celia tiene dos animales.
6 Celia es un poco alérgica a los animales.

¡Hola! ¿Qué tal?

Aquí muy bien. Hoy es mi santo (es como el cumpleaños), y ¡somos diez personas en casa! Mis padres, mis abuelos, mi hermana y mi hermano, y luego mis tíos y primos, y mi cuñado, Quino. Quino tiene veintiún años, y es muy callado, testarudo, y bastante antipático. Estudia filosofía y teología en la universidad. Es muy alto y súper delgado con el pelo castaño, ¡y es un poco raro!

Papá dice que tienes un perro – ¿cómo se llama? ¿De qué color es? A mí, me gustaría tener un perro, pero Mamá es un poco alérgica a la piel de los animales. Aquí, mi cobaya Chichi y mi tortuga Tere están bien. Chichi es muy alegre y gracioso, pero Tere es un poco perezosa: ¡natural en el mes de noviembre!

Bueno, escríbeme pronto,

Celia

---

c Empareja las dos partes de las frases correctamente. Sobra una parte. ¡No utilices el diccionario!

Ejemplo **1 c**.

1 El 'santo' es ...
2 'Testarudo' se refiere ...
3 Un 'cuñado' es ...
4 La 'teología' es ...
5 'Castaño' es ...
6 Una 'tortuga' es ...

a una asignatura.
b un animal.
c un día especial.
d un tipo de instituto.
e el carácter de una persona.
f un miembro de la familia.
g un color.

d Prepara una entrevista con Fernando. Añade otros detalles (físico, carácter).

APELLIDOS: **Cruz Vila**
NOMBRE: **Fernando**
FECHA DE NACIMIENTO: **24.6.89**
FAMILIA: **madre, 2 hermanas**
CARÁCTER: **extrovertido**
FÍSICO: **¡guapo!**
LE GUSTAN: **ciencias, deportes**

5.10 ♣ El intercambio

En el Instituto Super VGA

Leonora

– ¡Qué pesada eres, Leonora!
me dice a mí la profesora,
– No tienes lápiz, y no tienes
goma, y no tienes regla.
Mira, toma …
¡Qué pesada eres, Leonora!

– ¡Eres un desastre, Leonora!
– ¡No tienes estuche, y no
tienes mochila, no tienes agenda,
ni nada parecido!
¡Eres un desastre, Leonora!

No tengo padre,
y no tengo madre:
sólo tengo a mi hermano José.
No tengo dinero …
¿Tengo futuro?
No lo sé …

El color y la personalidad

¿Qué colores te gustan? ¿Reflejan tu personalidad?

Naranja

Es un color alegre. Eres una persona que tiene control sobre sus emociones, y eres alegre y bastante segura de ti misma.

Verde

Eres una persona tranquila, y equilibrada. Quieres ser atractivo/a y no tener complicaciones. No te gusta tomar decisiones difíciles.

Amarillo

Eres original, atrevido/a e intelectual, y tienes ideas diferentes de los demás. Tienes confianza en ti mismo/a, pero a veces puedes provocar irritación en los demás.

Azul

Te interesa la psicología de tus amigos o familiares. Eres una persona alegre, paciente, y tranquila pero a veces un poco tímida o nerviosa.

Gris

Consciente y comprensivo/a, no tienes mucha energía, a veces. Tal vez tienes muchas responsabilidades. Eres valiente y honrado/a.

Blanco

Te sientes aceptado socialmente, y esto es importante para ti. Eres responsable, sensible y sencillo/a.

Negro

Te gusta ser independiente: te gustan tus amigos pero no quieres depender de ellos. Te sientes solo/a a veces – y tal vez hay dificultades en casa o en clase.

Rojo

Eres inquieto/a, te gustan la acción y la aventura, pero a veces eres impulsivo/a o un poco agresivo/a. Te gusta llamar la atención sobre ti mismo/a.

El rey optimista

1-5 *Táctica: lengua*

Masculino y femenino *Masculine and feminine*

- In English, people are either 'he' (*masculine*) or 'she' (*feminine*), and things are 'it'.
- In Spanish, things, as well as people, are either masculine or feminine.
- Masculine words are marked (*m*), and feminine words are marked (*f*) in the dictionary.

Are these words (*m*) or (*f*) in Spanish? Look them up.

E.g. mercado (*m*) – market; *isla* (*f*) – island

pupitre	despensa	*headset*	*sink*
papelera	armario	*microphone*	*curtain*
fichero	librería	*chalk*	*blind*

Vamos a escuchar *Getting ready to listen*

- *Do* listen carefully. It is a very important skill and needs 100 percent of your attention.
- *Do* use the pictures to guide you. Work out the Spanish for them before you start listening.
- *Do* study the example, *Ejemplo*. It tells you what your first answer should be.

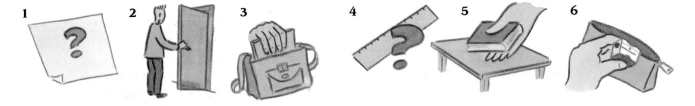

¿Qué dice el profesor a los alumnos Ramón, Paquita y Mohammed? Apunta los números.

E.g. Ramón, **5** + ...

Cómo aprender palabras *How to learn words*

- You will need to learn words: you can't speak a language if you have no words.
- Learn words both ways: from Spanish into English and from English into Spanish.
- Try the tips below – choose any six words you have found difficult to remember.

Match up the words   Match up parts of words   Finish your partner's word

Learn 10 words for homework, using these activities. Aim for 10 out of 10.

1 ○ **The zoo-keeper replies to queries from visitors. Make the adjectives in brackets feminine, if necessary.**

E.g. El pájaro **verde** es un loro.

1 El pájaro (verde) es un loro.
2 ¿La serpiente (negro)? Una cobra.
3 ¿El gorila cerca de la silla (rojo)? ¡Cuidado!
4 ¡Él es (gracioso) – su madre es (agresivo).
5 La tortuga (marrón) de allí se llama Pere.
6 ¿Por qué? ¡Porque es muy (perezoso)!
7 La lagartija (morado) es muy (tímido).
8 ¿Mi favorito? El elefante. Es (inteligente).

2 a ○ **Insert** *el*, *la*, *los*, *las* ('the'), as appropriate.

E.g. **los** gatos.

☺	... gatos	☺	... sábados
☹	... perro de mi tío	☹	... cine
☹	... personas agresivas	☺	... instituto
☺	... discotecas	☹	... deberes
☺	... clase de español	☹	... negro

b **Write a sentence for each, using the correct part of** *(no) me gusta/gustan*.

E.g. **Me gustan** los gatos.

3 ○ **Sra. Velasco's family drives her mad. Match up the two halves of her complaints.**

E.g. **1 c**.

1 ¡Rápido! Son ...   a muy impaciente!
2 Mi hijo no tiene su ...   b perezosa.
3 Mi marido es ...   c las ocho ya!
4 Él no tiene las ...   d persona tranquila.
5 Mi hija es ...   e llaves del coche.
6 En general soy una ...   f despistado.
7 ¡Pero hoy, estoy ...   g mochila.
8 ¡Yo no tengo ...   h mucho tiempo!

4 ♣ **Choose the correct words from the list to fill the gaps in María's letter.**

E.g. **1** alto.

Mi padre es ...**1**..., pero mi madre es bastante ...**2**... y los dos tienen el pelo ...**3**... . Yo soy ...**4**... y tengo los ojos ...**5**... – ¡qué raro!
Te mando una foto de ...**6**... familia. Los perros son de mi hermano – son ...**7**... animales favoritos. ¿Cuál es ...**8**... animal favorito?

pelirroja   mi   baja   sus   verdes   alto   negro   tu

5 ♣ **The conference arrangements are poor. Put the complaints into the plural.**

E.g. **1** No hay **sillas** en **los pasillos**.

1 No hay silla en el pasillo.
2 La agenda no tiene lápiz.
3 No hay proyector en la sala.
4 La mesa no tiene lámpara.
5 El tablón no tiene rotulador.
6 La carpeta es azul, en vez de* naranja.
7 ¡El director es exigente! ¡A trabajar!

*en vez de – *instead of*

6 ♣ **In the conversation below, put the verbs in brackets into their appropriate forms.**

E.g. ¡Hola! ¿Qué tal? Yo **me llamo** Inés.

INÉS   Hola! ¡Qué tal? Yo (llamarse) Inés.
PILI   ¡Hola! Nosotros (ser) Pili y Javi.
INÉS   ¿Qué clase (tener) vosotros ahora?
PILI   ¡Matemáticas! (Ser) muy aburridas.
INÉS   Yo no (tener) compás. ¿(Tener) tú uno?
PILI   No, pero el profe siempre (tener).
INÉS   ¿Cuántos alumnos hay en la clase?
PILI   (Ser) treinta. El profe (ser) simpático.
INÉS   ¿Cómo (llamarse)? Gómez, ¿no?
PILI   Sí. ¡Rápido! ¡(Ser) la una y cinco ya!

6 Mi ciudad

6A ¿Dónde vives?

You will learn:
- to say where you live and to ask others

> ¡Uf! Sevilla es una ciudad grande, ¿no?

> José Luis – tengo aquí el plano de Sevilla …

> Mi prima Merche

> y mi amigo, Guillermo.

> José Luis, ¿dónde vives?

> Vivo en El Arenal, un barrio en el centro de Sevilla.

> Y tú, Pepa, ¿dónde vives?

> Vivo en San Jerónimo, un barrio en las afueras.

> ¿Dónde vives, Carlos?

> Vivo en Camas, un pueblo en las afueras.

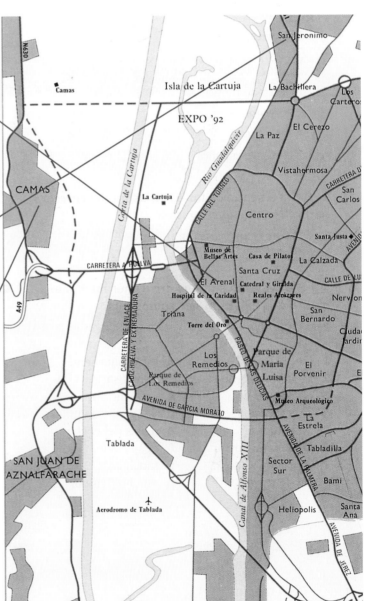

Merche, ¿dónde vives?

Viva en Ronda, una ciudad.

Y tú, Guillermo, ¿vives en Ronda?

No. Vivo en el campo, cerca de Ronda.

1 ¿Dónde vives?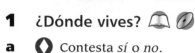

a ◆ Contesta *sí* o *no*.

Ejemplo **1** no.

1 José Luis vive en las afueras.
2 Merche vive en una ciudad.
3 Carlos vive en un pueblo en las afueras.

4 Pepa vive en el campo.
5 Guillermo vive en un pueblo.
6 Merche vive en Sevilla.

b ♣ Corrige las frases que son mentira.

Ejemplo **1** José Luis vive en un barrio en el centro.

2 ¡Imagina! ◯

A elige un barrio, un pueblo, o una ciudad de los planos; *B* adivina.

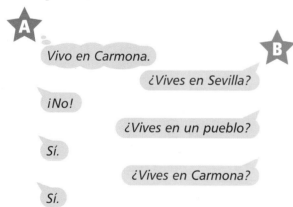

A

Vivo en Carmona.

B

¿Vives en Sevilla?

¡No!

¿Vives en un pueblo?

Sí.

¿Vives en Carmona?

Sí.

3 ¿Qué tipo de ciudad es? ✐

Elige cinco lugares (barrio, pueblo o ciudad) del plano o del mapa y describe cada uno.

Ejemplo Vivo en Triana, un barrio en el centro de Sevilla.

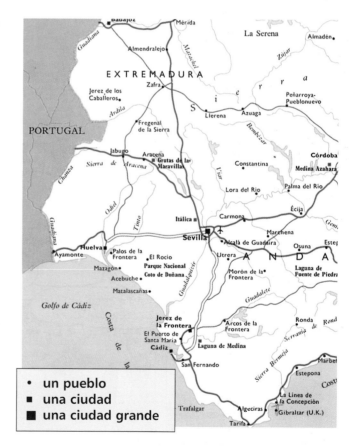

- • un pueblo
- ■ una ciudad
- ■ una ciudad grande

6.1 Oye, ¿dónde vives?

6.2 Tecnópolis

¿Dónde vives? Vivo en ...

un barrio	el campo	
un pueblo	las afueras	de (Sevilla)
una ciudad	cerca	

6B ¿Dónde está exactamente?

You will learn:
- to describe where you live
- the points of the compass

1 Las Islas Británicas

a Nota el orden.

Ejemplo **3** …

b Copia y completa la brújula.

este

sur	norte	noreste	suroeste
oeste	este	sureste	noroeste

Vivo en **Escocia**, en el este.

Vivo en **Gales**, en el norte.

Vivo en **Irlanda del Norte**, en el oeste.

Vivo en **Irlanda del Sur**, en el sur.

Vivo en **Inglaterra**, en el sur.

¡Tu geografía está fatal!

Isabel – en Inglaterra, vives en Liverpool, ¿no?

Vivo cerca, en Southport. Está en la costa.

¿Dónde está exactamente – cerca de Londres?

¡José Luis! Londres está en el sur …

¡ … y Liverpool está en el norte!

¿Está cerca de la sierra del Lake District?

Mmm … sí.

Liverpool está junto al río Mersey, ¿no?

Sí.

Sevilla está junto al río Guadalquivir.

Sí, pero Southport es fenomenal – y Sevilla …

Oye, Tomás, ¡qué pesado eres!

¡Pilar!

Isabel, tienes mi número de teléfono, ¿no?

2 Tu geografía está fatal

Empareja correctamente.

Ejemplo **1 c**.

1 en el norte
2 en el sur
3 en la sierra
4 en la costa
5 junto al río

Contesta.

Ejemplo **1** Está en el norte.

1 ¿Liverpool está en el norte o en el sur?
2 ¿Dónde está Londres?
3 ¿Cómo se llama el río de Sevilla?
4 ¿Southport está en la sierra o en la costa?
5 ¿Dónde está la sierra del Lake District?

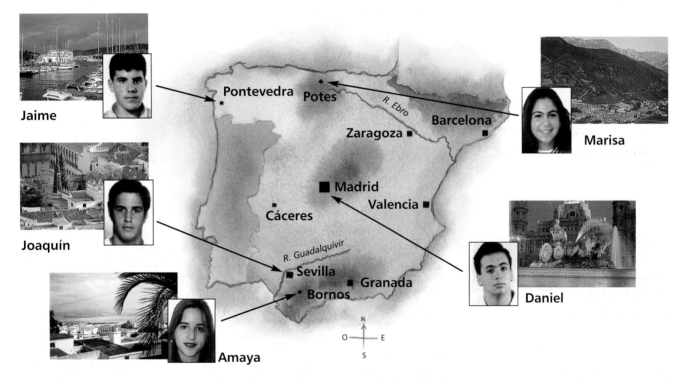

Jaime — Pontevedra · Potes · R. Ebro · Barcelona — Marisa · Zaragoza · Madrid · Valencia · Cáceres · Joaquín · R. Guadalquivir · Sevilla · Granada · Daniel · Bornos · Amaya

3 España

¿Cuántas respuestas en un minuto?

A ¿Dónde está Madrid?
B Ah ... en el centro.
¿Dónde está Sevilla?
Mmm ... en el suroeste.

Túrnate con tu pareja: ¿qué dicen Jaime, Joaquín, Amaya, Marisa y Daniel?

A ¡Hola! Me llamo Jaime.
B ¿Dónde vives?
Vivo en Pontevedra.
¿Dónde está exactamente?
En el noroeste, en la costa.

¿Dónde está (exactamente)?	(Madrid) está	en el (norte) de (España) en la sierra, en la costa, junto al río (Ebro)

6.3 La geografía de España
6.4 Mi domicilio
6.5 El Hierro

You will learn:
● to talk about what there is in your area

¿Qué hay en tu barrio, Pilar?

Hay mucho …

Hay donde comprar …　　*Hay lugares públicos …*　　*Hay donde comer …*

1 un supermercado

5 un cine

8 un colegio

11 un bar

2 una tienda

6 un instituto

9 una discoteca

12 un hotel

3 una panadería

7 un parque

10 una iglesia

13 un restaurante

4 un videoclub

¿En tu barrio, hay …

En mi barrio, no …

15 una piscina?

16 un polideportivo?

14 una cafetería

¿Qué hay en tu barrio, Pepa?

No hay mucho: un bar, un parque, una tienda, una cafetería …

Una cafetería – ¡buena idea! Ven, Isabel …

1 En la calle

¿Qué lugar es? Identifica.

Ejemplo **a** una tienda.

a **b** **c**

d **e** **f**

Contesta *sí* o *no*.

Ejemplo **1** sí.

1 En el barrio de Pilar, hay donde comprar.
2 Hay mucho en el barrio de Pepa.
3 En el barrio de Pepa, hay donde comer.
4 No hay piscina en el barrio donde vive Pilar.

2 ¡Al ataque!

¿Tienes reacciones rápidas?
¿Todo correcto en un minuto?

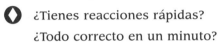

A ¿número cuatro?

B ¡un videoclub!

¿Verdad o mentira? ¡*B* no mira el libro!

A número once – un bar.

B ¡verdad!

3 Una entrevista con Francisca

Lee la carta y elige la palabra correcta.

¡Hola! Me llamo Francisca. Vivo en Bornos – es un en el sureste

de Andalucía y está junto al Guadalete. Hay iglesias,

y un parque. Hay donde comer: hay , bares, y dos o tres .

En mi instituto hay una , pero en la ciudad no hay y

no hay discoteca … Por eso, no me gusta mucho mi pueblo.

> piscina   supermercados   río   hoteles
> polideportivo   pueblo   cafeterías

¿Contesta Francisca a todas estas preguntas? Escribe *sí* o *no*.

Ejemplo **1** sí..

1 ¿Cómo te llamas?
2 ¿Dónde vives?
3 ¿Dónde está exactamente?
4 ¿Qué tipo de ciudad es?
5 ¿Tienes hermanos?
6 ¿Qué hay en tu pueblo?
7 ¿Cuántos años tienes?

Túrnate con tu pareja y contesta a las preguntas de arriba.

4 ¿Qué hay en tu ciudad?

Escribe una carta sobre tu ciudad, como la de Francisca.

> ¿Qué hay en tu barrio / pueblo / ciudad?
> Hay un supermercado, *etc. (act. 1)*
> No hay polideportivo, *etc. (act. 1)*

6.6 Todo bajo el sol   6.7 Tenerife

6D ¿Qué tiempo hace?

You will learn:
● to talk about the weather, and seasons

Tomás habla por teléfono con su prima Maite, que vive en México.

1   ¿Qué tiempo hace en Sevilla? ¿Hace buen tiempo? ☺

2   Sí, hace sol...

3   y hace calor

4   Pero en Gran Bretaña, hace mal tiempo, ¿no? ☹

5   Hace frío

6   Hace viento

7   Hay tormentas

8   Hay niebla

9   Hay nieve

10   ¡y llueve mucho!

¡No es verdad!

1   ¿Qué tiempo hace?

a   Escucha la conversación entre Maite y Tomás.

b   Escucha otra vez. ¿Qué tiempo hace en México e Inglaterra en julio y diciembre? Apunta los números (actividad **a**).

2   España

a   Mira el mapa de España y lee las frases **1–6**. ¿Qué ciudad es?

Ejemplo **1** Málaga.

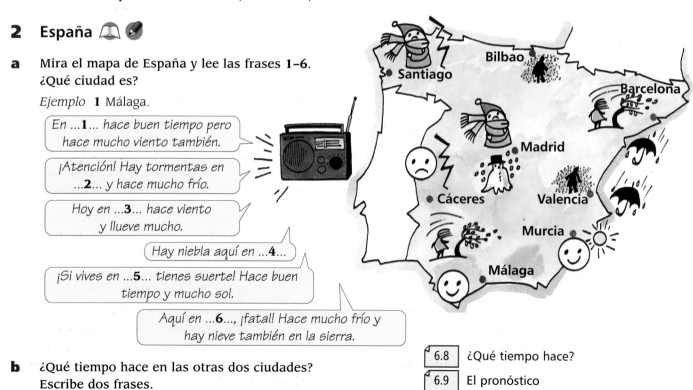

En ...**1**... hace buen tiempo pero hace mucho viento también.

¡Atención! Hay tormentas en ...**2**... y hace mucho frío.

Hoy en ...**3**... hace viento y llueve mucho.

Hay niebla aquí en ...**4**...

¡Si vives en ...**5**... tienes suerte! Hace buen tiempo y mucho sol.

Aquí en ...**6**..., ¡fatal! Hace mucho frío y hay nieve también en la sierra.

b   ¿Qué tiempo hace en las otras dos ciudades? Escribe dos frases.

| 6.8 | ¿Qué tiempo hace? |
| 6.9 | El pronóstico |

● **Hay / no hay**

hay	there is .... there are ...
	is there ...? are there ...?
no hay[1]	there isn't (a) ... there's no ...
	there aren't any ...

Hay una piscina. *There's a swimming pool.*
¿Hay tiendas? *Are there (any) shops?*
No hay piscina. *There isn't a pool / There's no pool.*
No hay tiendas. *There aren't any shops.*

[1] *After* no hay, *do not use* un *or* una.

1 ◐ **Use the ticks and crosses below to explain what there is, or isn't, in Silvia's village.**

E.g. Hay un supermercado.

- ✓ un supermercado
- ✓ dos o tres tiendas
- ✗ jardines
- ✓ un colegio
- ✓ iglesias
- ✗ polideportivo
- ✓ una piscina
- ✗ una discoteca

♣ **Put** *un, una,* **or nothing in front of the underlined words as appropriate.**

E.g. Aquí, sólo hay **una** tienda, ...

Aquí, sólo hay <u>tienda</u>, <u>iglesia</u>, y <u>colegio</u>. Hay <u>vídeoclub</u>, pero no hay <u>cine</u>. También hay <u>jardines</u>, pero no hay <u>polideportivo</u>. ¿Hay <u>tiendas</u> o <u>centro comercial</u> en tu pueblo?

● **Hay** *and* **hace** *(weather)*

| hay | there is .... there are ... |
| hace | it's (for weather) |

Hay niebla — *There is fog / It's foggy*
Hace sol — *It's sunny*

● *More plural endings*

	SINGULAR	PLURAL
-ín, -án	un jardín	jardines[2]
-b	un club	clubs / clubes

Hay jardines bonitos. — *There are pretty gardens.*
No hay clubs / clubes. — *There are no clubs.*

[2] *Note that the accent on the letter* i *disappears in the plural.*

2 ◐♣ **Debora is sending an e-mail to a new Internet friend. Fill each gap correctly with** *hay* **or** *hace.*

E.g. **1** hace.

Aquí en San Juan, la capital de Puerto Rico, ...**1**... calor: veintiocho grados. Pero, no ...**2**... mucho sol y ...**3**... tormentas también. El clima es estable: en diciembre, no ...**4**... frío. ¿Qué tiempo ...**5**... en tu pueblo? ¿Y qué tiempo ...**6**... en tu región? ¿Es verdad que ...**7**... nieve en enero?

3 ◐ **Put the underlined words into the plural in Debora's list. Use the dictionary if necessary.**

E.g. En el centro de la capital, hay tiendas ...

En el centro de la capital, hay (<u>tienda</u>), (<u>hotel</u>), (<u>barrio</u>) ricos, (<u>club</u>) y (<u>calle</u>) bonitos, dos (<u>mercado</u>), (<u>jardín</u>) espléndidos, (<u>museo</u>), (<u>pub</u>), e (<u>instalación</u>) deportivos para los turistas. En las afueras, hay (<u>chabola</u>).

♣ **David wants to write to Debora about his visit to the zoo. Put his thoughts into Spanish.**

E.g. Hay monos, osos, ...

'There are monkeys (*un mono*), bears (*un oso*), tigers (*un tigre*), lions (*un león*), leopards (*un leopardo*), elephants (*un elefante*), seals (*una foca*), sharks (*un tiburón*), dolphins (*un delfín*) – but no whales (*una balena*).'

7 ¿Cómo es donde vives?

You will learn:
- to describe where you live
- to say where you would like to live
- to give your opinion and ask others

¡Sevilla es fenomenal!

¡De acuerdo! El centro me parece …

¡Qué va! Es …

1 moderno

2 turístico

3 bonito

8 industrial

9 feo

7 antiguo

4 tranquilo

5 divertido

6 limpio

10 ruidoso

11 aburrido

12 sucio

1 Sevilla

◆ ¿Quién habla, Tomás o Isabel?

Ejemplo **1** Tomás.

1 El centro no es moderno; es antiguo.

2 Es bonito y divertido.

3 Me parece feo y aburrido.

4 Para mí, es sucio y ruidoso.

5 Me parece tranquilo y turístico.

♣ Escribe tu opinión:
¡de acuerdo! ¡qué va! o *no sé.*

Ejemplo ¡Qué va, es bonito! / ¡De acuerdo, es feo!

1 Londres es feo.
2 Donde vivo, es divertido.
3 Mi instituto es limpio.
4 Es ruidoso en el centro de mi pueblo / ciudad.

2 ¿De acuerdo? ¡Qué va!

◆ Trabaja con tu pareja. Di lo contrario.

A
¿turístico?

B
¡industrial!

¿Qué te parece …?   ✓ ¡De acuerdo!
Es …   ✗ ¡Qué va!

♣ Discute las ciudades o los pueblos cercanos.

A
¿Qué te parece Crawley?

B
Es divertido.

¡Qué va! ¡Es aburrido!

7.1 ◆ Ibiza

3 ¿Dónde te gustaría vivir?

a ¿Quién habla: Tomás, Isabel o Teresa?

Ejemplo **1** Isabel.

1 aquí con la tía Carmina.
2 en un barrio antiguo y divertido.

3 en Southport, en Inglaterra.
4 con Michael.

b Escucha otra vez. Completa cada frase con *me*, *te*, o *le*.

Ejemplo **1** te.

1 ¿Isabel, dónde … gustaría vivir?
2 … gustaría vivir en el centro.
3 ¿ … gustaría un barrio moderno?
4 A Tomás, … gustaría vivir en una ciudad aburrida.

> me gustaría
> te gustaría
> a (Ali) le gustaría

▶▶ Gramática 15

4 Quiero vivir …

◆ Elige una foto para cada persona.

1 *Me gustaría vivir en un barrio antiguo, tranquilo y bonito.*

2 *Me gustaría vivir en una ciudad divertida, con tiendas y mercados.*

3 *A mí, me gustaría vivir en un pueblo bonito y tranquilo en la costa.*

4 *¿Dónde me gustaría vivir? En un barrio moderno y tranquilo, con parques y piscinas.*

5 *¡Me gusta la costa! Me gustaría vivir cerca de una playa.*

a

c

b

d

e

♣ Lee la carta de Amaya. Busca los adjetivos (*) en el diccionario.
Contesta *sí* o *no* a cada pregunta 1–5.

1 ¿Es antiguo, San Vicente?
2 ¿Es bonita la playa?
3 ¿El centro es un poco sucio?
4 ¿Es aburrido San Vicente?
5 ¿Es tranquilo, el pueblo?

> Vivo en el norte de España en la costa, en San Vicente de la Barquera. Es un pueblo viejo* y típico* con un puerto animado* y pintoresco*. El centro es histórico* e interesante pero está un poco descuidado*. Cerca, hay una playa preciosa*.

5 ¿Mi opinión?

Describe el lugar donde vives, y donde te gustaría vivir.

Ejemplo Vivo en la ciudad de St. Andrews, en el este de Escocia. Es una ciudad muy antigua y bonita en la costa, pero es un poco aburrida. Me gustaría vivir en una ciudad grande, moderna y divertida.

| 7.2 | ♣ Opiniones | 7.3 | Tu pueblo o ciudad |

Lo bueno y lo malo

You will learn:
- to talk about the good and bad points of where you live

1 ¿Te gusta tu barrio, José Luis?

6 Carlos, ¿te gusta tu pueblo?

2 Sí, me gusta.

7 No, no me gusta.

3 Hay mucha diversión.

8 No hay mucha diversión.

11 Pepa, ¿te gusta tu barrio?

4 Hay mucha movida.

12 Bueno, no está mal. No hay mucha diversión, pero tengo muchos amigos.

9 No hay mucha movida.

5 Tengo muchos amigos.

No tengo muchos amigos.

13 En Sevilla hay mucha diversión y mucha movida, pero no tengo amigos …

10

---

1 ¿Te gusta?

◆ ¿Qué opinan Pepa y Tomás? Escribe los números de las fotos.

Ejemplo Pepa – **8** …

♣ ¿Qué opinan José Luis, Carlos, Tomás y Pepa de su barrio? Escribe 😊, ☹️ o 😐 .

2 ¿Qué te parece Londres?

◆ Escucha la conversación y empareja las frases.

Ejemplo Pilar **2** + ?

♣ ¿Qué dice cada persona? Escribe un globo.

Ejemplo

Lo bueno de Londres es que … pero lo malo es que …

lo bueno es que …		lo malo es que …	
1 tiene mucha historia	Pilar	6 es feo	
2 hay mucha movida	Isabel	7 hay mucho tráfico	
3 hay clubs y discotecas	Carlos	8 hay mucho turismo	
4 hay mucha diversión	José Luis	9 es ruidoso	
5 hay mucha cultura	Pepa	10 es sucio	

3 La República Dominicana 7.4

a ◆ Escucha los fragmentos de conversación **1–7**. Mira el cuadro de abajo.
¿Quién habla en cada fragmento?

Ejemplo **1** Alonso.

¿Cómo te llamas?	¿Dónde vives?	¿Dónde está?	¿Qué hay donde vives?	¿Qué es lo bueno?	¿Qué es lo malo?
Bernardo	Santo Domingo				
Alonso	Barahona				
Rafael	Constanza				

 Escucha otra vez y lee las frases **1–6**. ¿Quién habla en cada frase?

Ejemplo Bernardo.

1 Está junto al río.
2 Hay industrias cercanas.
3 Mi barrio es moderno.
4 No hay mucho turismo.
5 No me gusta porque no es bonito.
6 No hace mucho calor aquí.

b Túrnate con tu pareja. Haz tres conversaciones. Utiliza las seis preguntas y el cuadro de la actividad **a**.

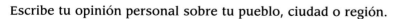

A
¿Cómo te llamas?
¿Dónde vives?

B
Me llamo Bernardo.
Vivo en Santo Domingo, una ciudad grande.

4 En mi opinión

Escribe tu opinión personal sobre tu pueblo, ciudad o región.

Me gusta (mucho)	(Belfast)	porque	es (bonito/a)	y …
No está mal	mi pueblo.	Lo bueno es que	hay (mucho tráfico)	pero …
No me gusta nada	mi ciudad.	Lo malo es que	no hay (mucha diversión)	

7.5 Madrid

You will learn:
● to say what there is to do in your town or area
● to say what you like doing
Grammar: *al* (to the)

En mi ciudad ideal se puede …

1 ir al cine.

2 ir al polideportivo.

3 ir a la bolera.

4 ir a la playa.

5 ir a las salas de juegos.

6 ir a los partidos de fútbol.

7 ir de compras.

8 ir de excursión.

9 ir de paseo en bici.

10 ir de pesca.

1   **¿Qué se puede hacer?**

a   Escucha a Isabel y Tomás.

b   Escucha otra vez. Empareja los ruidos **a–h** con las fotos.
Ejemplo **a** 9.

♣ **¿Quién habla: Tomás o Isabel?**
Ejemplo **1** Tomás.

1 No me gusta mucha movida.
2 Me gusta mucha diversión.
3 No me gusta la ciudad. Prefiero el campo o la costa.
4 Me gusta ir al centro con un grupo de amigos.

a + el = al

▶ **Gramática 5, AL 7**

7.6 ¡Qué maravilla!

2 ¿Se puede ...?

a Para cada actividad de la lista, decide en qué lugares **1–5** se puede hacerla.

Ejemplo Ir de excursión en barco: **1**, **3**.

ir de excursión en barco	dar una vuelta
ir al centro comercial	hacer deporte
ir al club de jóvenes	hacer deportes acuáticos
ir al estadio de fútbol	salir con amigos
ir al parque de atracciones	visitar museos/cuevas
ir a la pista de hielo	visitar monumentos históricos
ir a la playa	visitar pueblos típicos

1 la costa   **2** el centro de la ciudad   **3** el río   **4** la sierra   **5** el polideportivo

b Túrnate con tu pareja. *A* inventa una frase, *B* dice si es posible o imposible.
Utiliza la lista de actividades y los lugares **1–5** de arriba.

A

¿Se puede ir al centro comercial por el río?

B

¡Imposible! ¿Se puede ir de excursión a pie por la costa?

3 Isabel, Tomás y Teresa

Escucha la conversación entre Tomás, Isabel y su madre Teresa.

◆ Completa cada frase **a–e** con el lugar correcto **1–5** de la actividad 2.

Ejemplo **a 2** (el centro).

a Se puede salir con amigos ...

b Se puede hacer deporte ...

c Se pueden hacer deportes acuáticos ...

d Se pueden visitar los pueblos típicos ...

e Se puede ir a la playa ...

♣ Contesta a las preguntas en español.

Ejemplo **1** No le gusta.

1 ¿Le gusta a Tomás el centro, o no?

2 ¿Por qué?

3 Para Isabel, ¿qué es lo malo de las afueras?

4 ¿Dónde deciden vivir la familia, al final?

5 ¿Qué tipo de apartamento le gustaría a Tomás?

6 ¿Qué tipo de apartamento le gustaría a Isabel?

4 Un póster

Prepara un póster sobre su ciudad. Explica:

● donde está, qué tipo de ciudad es
● qué hay (por ej. una piscina ...)
● qué se puede hacer

¿Qué se puede hacer	en tu barrio / pueblo /
¿Qué se gustaría hacer	en tu ciudad / región?
Se puede ...	ir al cine, *etc. (act. 1, 3)*

7.7 La colonia espacial

7D ¿Qué deportes te gusta hacer?

You will learn:
- to talk about sports you like to play or do
- to say which sports you would like to play or do

1   Me gusta ...

Utiliza tu diccionario, si es necesario. Empareja los dibujos **a–l** con las expresiones **1–12**.

Ejemplo **1 a.**

1 jugar al fútbol	**5** jugar al rugby	**9** hacer footing
2 jugar al squash	**6** hacer atletismo	**10** hacer alpinismo
3 jugar al voleibol	**7** hacer ciclismo	**11** hacer piragüismo
4 jugar al hockey	**8** hacer esquí	**12** hacer vela

2   ¿Qué deportes te gusta hacer?

Escucha. Apunta dos números de la lista del **1–12** de arriba para cada joven.

		Ricardo	Gloria	Javier	Silvia	Manuel
◇	me gusta/n	1, ...				
♣	me gustaría hacer					

3   En mi pueblo

a   Lee la descripción del pueblo y rellena cada espacio con la palabra apropiada de la lista.

Ejemplo **1** polideportivo.

> En mi ciudad hay un ...**1**... moderno donde se pueden hacer muchos ...**2**....
> Hay también una ...**3**..., pero es un poco antigua. Allí, se ...**4**... hacer
> natación y hay clases de piragüismo. Me gustaría hacer ...**5**..., pero no vivo en
> la costa. En el instituto no me gusta jugar al ...**6**... porque es ...**7**... y difícil.
> ¿Hay algún deporte que te ...**8**... hacer? ¿Qué se puede hacer en tu ciudad?

deportes
piscina
voleibol
polideportivo
puede
aburrido
vela
gustaría

b   Escribe un párrafo sobre los deportes que se pueden hacer en tu pueblo o ciudad.

7.8 ◇ Los deportes   7.9 ♣ El deporte en mi ciudad

Acción: lengua

Infinitives and 'to the'

- ## Infinitives

The infinitive is the part of the verb which ends in –**ar**, –**er**, or –**ir**. It means *to ...*

This is the part of the verb you will find in the dictionary. It often has *(vt)* or *(vi)* after it.

Endings	Examples	
-ar	visit**ar**	*to visit*
-er	hac**er**	*to do, to make*
-ir	sal**ir**	*to go out*

Me gusta visitar el centro.   *I like to visit the centre.*

Me gustaría hacer vela.   *I'd like to go sailing.*

Se puede salir mucho.   *You can go out a lot.*

1 Use your dictionary to find the Spanish for the following infinitives. Put them in the gaps.

E.g. **1** Me gustaría **vivir** en el campo.

a Me gustaría ... en el campo. *(to live)*
b ¿Te gusta ...? *(to read)*
c Me gusta ... música. *(to listen to)*
d Me gusta mucho ... la tele. *(to watch/to see)*

e Me gustaría ... un libro. *(to write)*
f No me gusta ... el fin de semana. *(to work)*
g Me gusta ... con mis amigos. *(to chat)*
h ¡Odio ... el vocabulario! *(to learn)*

2 Look back through the units. Make a list of the infinitives, with their English meanings.

Divide them into three groups: –**ar**, –**er**, or –**ir**.

When you come across a new infinitive, add it to your list.

If you make your lists on the computer, you will be able to add new entries easily and alphabetically.

–ar	–er	–ir
charlar *to chat*	tener *to have*	escribir *to write*

3 Test a friend! Write a list of verbs, but miss off the *–ar, –er* or *–ir* ending. See how long it takes your friend to write them in correctly from memory.

- ## Saying 'to the ...'

The word for 'to' is **a**. When it is followed by **el**, it becomes **al**.

(Sevilla)	Me gustaría ir **a** Sevilla.	*I'd like to go to Seville.*
(el cine)	Se puede ir **al** cine.	*You can to to the cinema.*
(la piscina)	Se puede ir **a la** piscina.	*You can to to the swimming pool.*
(los partidos)	Se puede ir **a los** partidos.	*You can go to the matches.*
(las tiendas)	Se puede ir **a las** tiendas.	*You can go to the shops.*

4 � **Match up the two halves correctly.**

1 Me gustaría ir al ...
2 Se puede ir a los ...
3 Me gusta ir a las ...
4 No me gusta ir a la ...
5 Me interesa ir a ...

a playa.
b España.
c restaurante.
d salas de juego.
e jardines.

♣ **Put *a, al, a la, a los* or *a las* in each gap.**

No me gusta ir ...**1**... bares, y no tengo dinero para ir ...**2**... tiendas. No se puede ir ...**3**... campo o ...**4**... costa o ...**5**... Sevilla, porque no hay autobús. Sólo se puede ir ...**6**... club de jóvenes en el pueblo – ¡qué aburrido!

Hogar, dulce hogar

8A ¿Vives en una casa o en un piso?

You will learn:
- to say what type of house or flat you live in
- to explain how near or far away it is
- to say where it is in relation to other places
- Grammar: *del*

> ¿Te gustaría una casa o un piso, Mamá?

> Mm … no sé.

1 ¿Una finca?
2 ¿Una casa?
3 ¿Una casa doble?
4 ¿Una casa adosada?
5 ¿Un piso en un bloque nuevo?
6 ¿Un piso en un bloque antiguo?
7 ¿Un piso en una torre?
8 ¿Un chalé?

1 ¿Una casa o un piso?

Escucha y empareja las reacciones de Teresa con el número de la foto.

Ejemplo **1 d**.

a Es muy moderno.
b Sí, me gusta.
c Es bonita.
d ¿En el campo? ¡No!

e No sé.
f Es mucho dinero – doscientos mil euros.
g Es grande.
h No está mal.

2 ¿Lejos o cerca?

◆ Escucha la conversación entre Tomás, Juan y Teresa. Rellena los espacios con el número correcto.

1 La calle Alberto Listo está lejos – a … kilómetros.
2 La calle San Andrés está lejos – a … minutos andando.
3 La Plaza de la Encarnación. Está cerca – a … minutos andando.
4 La Plaza de la Alfalfa. Está cerca – a … metros.

♣ Escucha y elige la palabra correcta en cada frase.

1 A Teresa le gustaría vivir (cerca/lejos) de Carmina.
2 La calle San Andrés está (lejos/cerca) del instituto.
3 La Plaza de la Alfalfa es (fea/bonita).
4 Es (tranquila/ruidosa), la plaza.

> **¿Lejos o cerca?**

> Mamá, hay un piso en la calle Alberto Listo.

> ¡Uf! Está a tres kilómetros.

> Me gustaría vivir cerca de Carmina, en Cristo del Burgos.

| (el cine) | está cerca | de mi casa / piso, del instituto, del centro |
| | está lejos | a (diez) kilómetros / (cinco) minutos andando |

de + el = del

8.1 | Casas, pisos

▶▶ Gramática 5, AL 8

3 ¿Dónde está el pájaro de Pepa?

Escucha y escribe los números de las situaciones **1–7** en el orden en que se oye.

Ejemplo **6**, ...

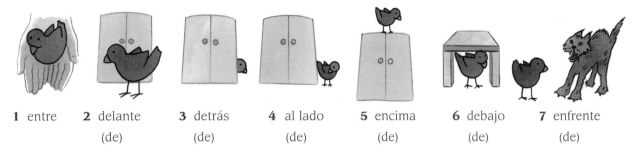

1 entre
2 delante (de)
3 detrás (de)
4 al lado (de)
5 encima (de)
6 debajo (de)
7 enfrente (de)

4 El piso de José Luis

a Estudia el plano de la calle. ¿Cada afirmación **1–6** es verdad o mentira?

Ejemplo **1** verdad.

El piso de José Luis está ...

1 cerca del restaurante
2 encima del videoclub
3 al lado del supermercado
4 debajo de las oficinas
5 lejos del cine
6 enfrente de los jardines

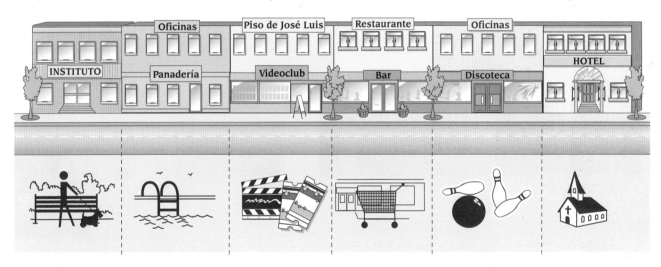

Completa las frases **1–6** con la preposición correcta **1–7** de la actividad 3.

Ejemplo **1** enfrente.

1 El instituto está ... del parque.
2 El videoclub está ... del piso de José Luis.
3 El supermercado está ... la bolera y el cine.
4 La iglesia está ... de la bolera.
5 Las oficinas están ... de la panadería.
6 La panadería está ... de la piscina.

5 Por favor ...

Túrnate con tu pareja. Pregunta y contesta.

 A

¿Dónde está **el parque**, por favor?

Está **al lado de la piscina** y **enfrente del instituto**.

 B

el parque, el bar, el hotel
el cine, la bolera, el restaurante

You will learn:
- to name the rooms in your home
- to say what facilities there are

Buenos días. Soy Ángela Martínez, de la Agencia Fincasur.

Señora Willoughby. Encantada.

Hay una entrada …

una cocina …

un salón con balcón …

un comedor …

un cuarto de baño …

un aseo …

un dormitorio …

hay tres en total.

Hay unas escaleras para subir a una terraza

… y un lavadero.

¿Qué le parece? ¿Le gusta?

¿Le gustaría ver el piso otra vez?

Sí, está bien.

Sí, con Isabel y Tomás.

1 ○ **¿Qué hay en el piso?**

Lee los anuncios en el periódico. ¿Cuál es el piso de Teresa?

1
Centro. Piso nuevo, dos dormitorios, salón-comedor, baño, cocina, recién reformado.
☎ 4715883.

2
Piso céntrico: tres dormitorios, cocina con lavadero, salón-comedor, baño, aire acondicionado + calefacción central.
☎ 4355109.

3
Centro. ¡Ocasión! Piso tres dormitorios, salón con balcón, comedor, baño, cocina amueblada, terraza con lavadero.
☎ 4281022.

4
ZONA CÉNTRICA. ¡A estrenar! Piso tres dormitorios, cocina, salón con terraza, comedor, dos baños, lavadero. Recién pintado, aire acondicionado.
☎ 4628963.

2 Las habitaciones

◆ Con tu clase, inventa un ruido y una acción para cada habitación. Practica con tu pareja.

♣ ¿Puedes decir las habitaciones en el orden de la visita? Practica con tu pareja.

A

zzzzz…

B

¡un dormitorio!

A

Hay una entrada, un salón

B

¡No! una cocina. ¡Otra vez!

Hay una entrada, una cocina, mm … un salón.

¿Es tu casa de Inglaterra, Tomás?

¿Hay un desván?

¿Y un sótano?

Sí – hay un porche, un garaje, un jardín …

Sí.

Sí – me gusta mucho mi casa de Inglaterra …

3 La casa de Tomás

◆ Escucha. Copia y completa con el español.

♣ Practica con tu pareja. ¿Cómo se dice en inglés/en español …?

A

¿Cómo se dice en inglés 'un jardín'?

B

A garden. ¿Cómo se dice en español 'an attic'?

3 ....

4 ....

2 ....

1 *un jardín*
....

5 ....

4 Se alquila …

¡Se alquila tu casa o piso! Escribe un anuncio para el periódico.

¡piso magnífico!	recién pintado/a	aire acondicionado	cocina amueblada
¡ocasión!	recién reformado/a	calefacción central	¡casa estupenda!

8.2 ¡Vacaciones en la Costa de la Luz!

8C ¿Cómo es por dentro?

You will learn:
- to say where rooms are in your home

¿Cuántas plantas tiene el bloque?

En total, cuatro. En la planta baja, hay tiendas.

En la primera planta hay oficinas.

En la segunda planta, hay cuatro pisos.

¿Cuántas habitaciones tiene el piso en total?

Abajo tiene siete …

¿Cuántos dormitorios tiene?

Tiene tres. A la izquierda hay un salón y un comedor.

A la derecha hay una cocina …

¡Al final hay unas escaleras!

¿Qué hay arriba?

Arriba, hay una terraza y un lavadero. ¿Te gusta, Tomás?

¡Estupendo!

1 En el piso

a ¿Qué hay en cada planta: PB, 1°, 2°, 3°?

Ejemplo **PB** tiendas.

♣ **Contesta.**

1 ¿Cuántas plantas tiene el bloque en total?
2 ¿Cuántas plantas tiene el piso?
3 ¿Cuántas habitaciones tiene, arriba y abajo?
4 ¿Cuántos dormitorios tiene?

[floor diagram with labels 3°, Terrazas, 2°, 1°, PB]

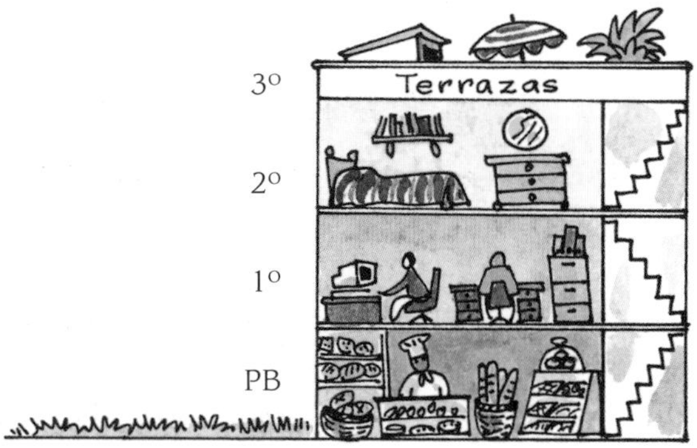

b Empareja los dibujos y las frases.

Ejemplo **1 b**.

1 a la izquierda	2 a la derecha	3 al final	4 arriba	5 abajo
a	b	c	d	e

c Túrnate con tu pareja. *A* imita uno de los gestos **a–e**, *B* dice el español.

2 La carta de Teresa

a Lee la carta de Teresa a su hermana en México e identifica las habitaciones.

Ejemplo **1** entrada.

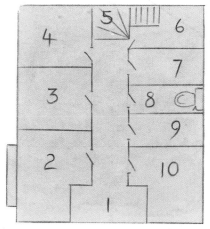

El piso está muy cerca y parece perfecto. Es un piso en un bloque antiguo, y abajo hay tiendas y oficinas. Tiene dos plantas.

Primero, hay una entrada. A la izquierda hay un salón con un balcón, un comedor, y luego hay un dormitorio grande.

A la derecha de la entrada, hay una cocina, y luego un cuarto de baño, un aseo y dos dormitorios.

Al final, hay unas escaleras, y arriba, hay una terraza bonita con un lavadero. Está muy bien, y me gusta mucho.
¿Qué tal tu familia? ¡Aquí, problemas con Tomás!

b ◆ Dibuja un plano de tu casa o piso. Escribe los nombres de las habitaciones.

♣ Describe tu casa. Utiliza la carta de Teresa como modelo.

3 Tomás el curioso

a Tomás hace preguntas a Pepa. ¿Qué contesta Pepa?

Ejemplo **1** Una casa adosada.

1 ¿Vives en una casa?	**3** ¿Cuántas habitaciones tiene?	**5** ¿Qué hay arriba?
2 ¿Cuántas plantas tiene?	**4** ¿Qué hay abajo?	**6** ¿Tiene jardín?

b Prepara una entrevista con tu pareja. Utiliza las preguntas 1–6. Grábala en una cinta.

mi casa / piso tiene	una planta, (dos) plantas, (ocho) habitaciones	
en la planta baja / abajo	en el sótano / desván	(una cocina)
en la (primera) planta / arriba	a la izquierda / derecha, al final	(dos) dormitorios

8.3 El piso   8.4 ◆ Las habitaciones   8.5 ♣ La casa de los abuelos

8D ¿Qué hay en tu dormitorio?

You will learn:
- to say what there is in your bedroom
- to explain where things are

1 El nuevo dormitorio de Tomás

a ¿Qué tiene el dormitorio? Escucha y estudia los dibujos y las palabras.

1		la cama	6		el pupitre
2		la mesilla	7		la butaca
3		la lámpara	8		la cómoda
4		el armario	9		la alfombra
5		el guardarropa	10		la estantería

b Escucha. Completa las instrucciones de Tomás. Escribe el número del mueble *(actividad a)*.

Ejemplo **a 6.**

Pon ...

a el ... y la silla delante de la ventana.
b el ... detrás de la puerta.
c la ... arriba, encima del armario y del guardarropa.
d la ... debajo de la cama.

e la ... enfrente de la puerta.
f la ... al lado de la butaca.
g la ... entre la cama y el pupitre.
h la … en el pupitre.

2 ¿Cómo tienes el dormitorio?

a ¿Hay otras cosas que te gustaría tener? Escribe una lista.

Ejemplo En mi dormitorio, me gustaría tener una televisión, unos pósters ...

b ◊ Escribe una lista de los muebles y otras cosas en tu dormitorio.

Ejemplo Una cama, ...

❀ Escribe un párrafo: describe el dormitorio.

Ejemplo Debajo de la ventana está el pupitre ...

¿Qué hay en tu / el dormitorio?	Hay (una cama) *(act. 1)*
¿Cómo tienes los muebles?	(La cama) está (detrás de la puerta) *(Unidad 8A, act. 3)*

8.6 ◊ El dormitorio desordenado

- ## Estar (*to be*)

Use *ser* (to be, AL 4) for describing what things are like: colours, shapes, character.

Use *estar* to express the idea of place; where something is; and to say how you are feeling.

(yo)	estoy	*I am*
(tú)	estás	*you are (informal)*
(él)	está	*he is*
(ella)	está	*she is*
(usted)	está	*you are (formal)*

(nosotros)	estamos	*we are*
(vosotros)	estáis	*you are (informal)*
(ellos)	están	*they are*
(ellas)	están	*they are*
(ustedes)	están	*you are (formal)*

Juan **es** alto y delgado.   *Juan is tall and slim.*

Ali no **está** muy bien.   *Ali is not very well.*

1   ◊ Sr. Sánchez is having a hard time looking after his poorly family. Choose the correct word in brackets.

1 Hoy, ¡yo (estoy/está) fatal!
2 Los gemelos (está/están) en la cama.
3 Mi hijo (está/estoy) en el cuarto de baño.
4 Mi mujer, Ana, no (está/están) aquí.
5 No sé donde (estoy/está) la medicina.
6 Ana, ¿donde (estás/estoy?) ¡Te necesito!

♧ Tomás and Pepa are missing. Complete each gap with the correct part of *estar*.

TERESA Tomás, ¡escucha! ¿...**1**... arriba?
ISABEL ¿Qué tal ...**2**... tú, Mamá?
TERESA Yo no ...**3**.... muy bien, de verdad.
ISABEL Tomás y Pepa, ¿dónde ...**4**...?
TOMÁS ¡Hola! Pepa y yo ...**5**... en la azotea. ¡Isabel y Mamá ...**6**... furiosas!

- ## De (*of / from the ...*)

The word for 'of' or 'from' in Spanish is **de**. When it is followed by **el**, it becomes **del**.

(Irlanda)	Vivo en el sur **de** Irlanda.	*I live in the south of Ireland.*
(el armario)	Está detrás **del** armario.	*It's behind the cupboard.*
(la mesilla)	Está debajo **de la** mesilla.	*It's below/underneath the table.*
(los pósteres)	Está encima **de los** pósters.	*It's on top of / above the posters.*
(las escaleras)	Está al lado **de las** escaleras.	*It's beside / next to the stairs.*

2   ◊ Choose the correct word from the list to finish the sentences below.

1 Mi casa está al lado del ...
2 ¿Vives enfrente de los ... ?
3 Mi piso está cerca de las ...
4 Vivo en una finca, lejos de la ...
5 Mi familia vive en el noreste de ...

> España   tiendas   jardines   cine   ciudad

♣ Teresa is cross with Tomás! Put *del, de la, de los,* or *de las* in each gap as required.

1 ¡No me gusta la cama encima ... armario!
2 ¿La estantería está debajo ... cama?
3 ¡Pon los cuadernos al lado ... libros!
4 ¿Por qué está el póster detrás ... pupitre?
5 ¡Pon los lápices encima ... hojas de papel!
6 Con la butaca detrás ... puerta, es difícil entrar.

9 Los ratos libres

9A ¿Qué tal estás?

You will learn:
- to say how you are feeling and ask others
- to say what you want to do and ask others

Grammar: *querer* (to want to)

 Estoy contento. **1**

 2  Estoy triste.

 Estoy harto.  **3**

 **4**  Estoy cansada.

 Estoy deprimido.  **5**

 6 Estoy estresada.

Estoy enfadado. **7**

 8  Estoy preocupada.

 Estoy decepcionado. **9**

10  Estoy ilusionada.

1 ¿Qué tal están?

a Escucha y lee.

b Apunta la emoción apropiada para cada persona: utiliza los números de arriba.

Ejemplo José Luis **1**.

| José Luis | Carlos | Juan | Tomás | Isabel | Pilar | Teresa | Carmina |

Escucha otra vez. Lee las frases **1–6** y elige la palabra correcta.

1 A José Luis, le gusta mucho (Isabel / Pilar / Pepa).

2 Carlos opina que José Luis es muy (extrovertido / optimista / egoísta).

3 Tomás está (deprimido / harto / ilusionado) con la idea de ir al nuevo piso.

4 Pilar está (decepcionada / contenta / enfadada) con Isabel.

5 A Teresa le gustaría ir (al nuevo piso / a ver a su marido / a Inglaterra).

6 Carmina no tiene muy buena opinión (de Pilar / de Isabel / de Teresa).

2 Quiero ir ... ¿Quieres venir? 9.1

Escucha las conversaciones **1–6**. Apunta ...

◆ adónde quiere ir cada joven.

cuándo: por la mañana (M), por la tarde (T) o por la noche (N).

♣ qué tal está su compañero/a.

	1	2
al cine		
T		
harto		

a por la mañana
esta mañana

b por la tarde
esta tarde

c por la noche
esta noche

3 Quiero quedarme en casa

Lee la conversación con tu pareja e inventa otras. Utiliza las expresiones de los dos cuadros.

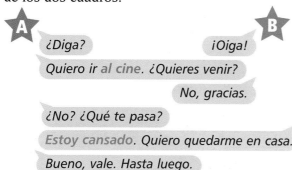

A ¿Diga?

Quiero ir *al cine*. ¿Quieres venir?

¿No? ¿Qué te pasa?

Estoy cansado. Quiero quedarme en casa.

Bueno, vale. Hasta luego.

B ¡Oiga!

No, gracias.

al cine
al centro comercial
al club de jóvenes
al estadio de fútbol
a la pista de hielo
a la piscina
a la bolera

(yo)	quiero
(tú)	quieres
(él)	quiere
(ella)	quiere
(usted)	quiere

▶▶ Gramática 12, AL 9

estoy cansado/a   estoy harto/a   estoy deprimido/a   no estoy bien

4 Los mensajes electrónicos

Lee los mensajes. ¿Cada persona está contenta ☺, no muy contenta ☹, o los dos ☺☹ ?

Ejemplo Débora ☹.

Estoy harta – quiero salir y mi madre dice que no. *Débora*

Alicia, ¿por qué no quieres salir conmigo? ¿Y por qué no quieres ponerte en contacto? Estoy triste. *Juan*

¡Hoy estoy contento porque ¡no tengo clases! ¿Quieres venir al cine? *Manolo*.

Estoy deprimida porque tengo muchos deberes. Pero Juan quiere ir conmigo a la discoteca – ¡qué ilusión! *Marisa*

Estoy preocupada porque mi madre no está bien. Por eso, no quiero ir a la pista de hielo. ¿Otro día, tal vez? Llámame, *Ana*

Quiero ir al parque de atracciones y mis padres dicen que sí. ¡Estoy muy ilusionada! Pero mi hermana (que es súper pesada) quiere venir también... *Sohora*

¿Por qué no quieres salir conmigo? Estoy muy decepcionado... *Pablo*

¿Qué tal estás?	Estoy (muy) (contento/a, *etc.*) (*act. 1*)
¿Quieres venir al (cine), a la (bolera)	(No) quiero ir (al/a la ...) quiero quedarme en casa.
Esta mañana / tarde / noche	El (sábado) por la mañana, por la tarde, por la noche

9.1 Quiero ir ... ¿quieres venir?   9.2 Las emociones

You will learn:
- to say where you're going, and ask others
- to ask if someone is free and reply
- to say you can't, and give excuses

Grammar: the verb *ir* (to go), *poder* (to be able to)

1 La invitación

a ◆ ¿Quién lo dice? Empareja y escribe el nombre: Carlos, José Luis, Juan o Pilar.

Ejemplo **1 + b**: Carlos.

1 Voy al estadio	**a** con Isabel.
2 Voy al centro	**b** con Miguel.
3 Voy a la piscina	**c** con mi familia.
4 Voy a Granada	**d** con Papá.

♣ Completa cada espacio con la palabra apropiada de la lista de abajo.

Isabel ...**1**... a salir con José Luis el ...**2**... . Por eso, Isabel está ...**3**..., Pilar está ...**4**... y Carmina está ...**5**... .

> preocupada   sábado   ilusionada   va   triste

b Escucha. José Luis pide salir a Pilar. Apunta el orden de las disculpas (1–4) de abajo.

1   No tengo mucho tiempo.

2   No tengo ganas.

3   No tengo mucho dinero.

4   Tengo un montón de deberes.

2 El rap

a Escucha. Rellena cada espacio con *voy*, *vas* o *va*.

b Después, haz un rap en tu clase. Utiliza los nombres de los alumnos.

PROFESOR/A	Conchita …**1**… a Alcalá.
CONCHITA	¿Quién? ¿Yo?
CLASE	¡Sí, tú! …**2**… con tu mamá.
CONCHITA	¡Yo no …**3**… con mi mamá!
CLASE	¿Quién …**4**… entonces a Alcalá?
PROFESOR/A	Felipe …**5**… a Alcalá.
FELIPE	¿Quién? ¿Yo? (*etc.*)

(yo)	voy
(tú)	vas
(él)	va
(ella)	va
(usted)	va

▶▶ **Gramática 11, AL 9**

3 ¿Estás libre?

◆ Con tu pareja lee la conversación entre *A* y *B* e inventa cuatro más. Utiliza la información de los cuadros **1–4**.

A **B**

¿Estás libre el *sábado* por la *mañana*?

No, no estoy libre. Voy *al centro comercial* con *mi madre*.

¿Y por la *tarde*? ¿Quieres ir *al cine*?

No, lo siento, no puedo. No tengo dinero.

¿Y el *domingo*?

Voy *a la bolera* por la *tarde*. ¿Quieres venir?

Sí, ¡estupendo! Gracias.

1
martes   tarde
a la piscina   Felipe
noche   a la discoteca
no tengo tiempo
miércoles
al polideportivo   tarde
¡perfecto!

2
viernes   noche
al polideportivo   Clara
mañana   a la pista de hielo
no tengo dinero
sábado
a la playa   tarde
¡qué bien!

3
jueves   noche
al club de jóvenes   Miguel
viernes   a la piscina
tengo un montón de deberes
domingo
dar un paseo en bici   mañana
¡qué ilusión!

4
lunes   tarde
de pesca   mi padre
sábado   al centro comercial
no tengo tiempo
martes
de excursión a Córdoba
¡estupendo!

♣ Inventa otras dos conversaciones con tu pareja. Grábalas, si quieres.

¿Estás libre	el (domingo) por la mañana / tarde / noche?	Sí, No; (No) estoy libre.
Voy	al (cine), a la (bolera). ¿Quieres venir?	Lo siento, no, no puedo.
Lo siento,	no tengo ganas / dinero / mucho tiempo. Tengo un montón de deberes.	

⌐9.3⌐ ¿Quieres venir? ⌐9.4⌐ Poder ⌐9.5⌐ ◆ Excusas ⌐9.6⌐ ♣ El amigo triste

9C ¿Dónde y cuándo nos vemos?

You will learn:
- to arrange where and when to meet

Grammar: revision of prepositions (place)

1 ¡Repaso!

Estudia otra vez la actividad 3 de la Unidad 8A, página 69.

Empareja las dos partes de las palabras.

Ejemplo delante (del + ante).

del	ajo	al	rás	enf	det	re
ent	ante	cima	rente	deb	lado	en

2 Pepa llama a Tomás por teléfono

Escucha y empareja las preguntas de Pepa y las respuestas de Tomás.

Ejemplo **1 d**.

1 ¿Tomás?	**a**	Sí, ¡qué bien!
2 ¿Estás libre esta tarde?	**b**	Delante de mi casa.
3 ¿Quieres dar una vuelta en moto?	**c**	A las ocho.
4 ¿Dónde nos vemos?	**d**	Sí, soy yo.
5 ¿A qué hora nos vemos?	**e**	Sí, estoy libre. ¿Por qué?

3 ¿Dónde nos vemos? ¿A qué hora?

a Elige la letra correcta del plano.

Ejemplo **1 c**.

1 *¿Nos vemos delante de la piscina?*

2 *Nos vemos enfrente de la iglesia, ¿vale?*

3 *¿Nos vemos detrás del cine?*

4 *Entre la iglesia y la bolera, ¿de acuerdo?*

5 *¿Nos vemos al lado del polideportivo?*

6 *¿Entre el supermercado y el parque?*

b Utiliza el plano e inventa conversaciones con tu pareja.

4 ¡Los micrófonos ocultos!

Tú eres un espía.

Escucha las cinco conversaciones de los agentes.

Apunta la hora y el lugar de sus reuniones.

	HORA	LUGAR
1	7.30	delante del cine
2		

5 Vamos a salir

◆ Túrnate con tu pareja para hacer tres conversaciones.
Utiliza el vocabulario de abajo.

♣ Inventa otra conversación con detalles diferentes.

FELIPE

¿Raquel? ¡Hola!

¿Quieres salir esta ...**1**...?

¿Te gustaría ir ...**2**...?

¿Quieres dar una vuelta por ...**4**... entonces?

A las ...**5**...

¿Nos vemos delante ...**6**...?

¡Vale! Te invito. ¡Hasta luego!

RAQUEL

¡Hola, Felipe!

No lo sé. ¿Qué quieres hacer?

Mm, no puedo. Es que no tengo ...**3**...

Sí, me gustaría. ¿A qué hora nos vemos?

Vale. De acuerdo. ¿Dónde nos vemos?

Perfecto. Y me gustaría ir a ...**7**... también.

Gracias, Felipe. ¡Adiós!

1	2	3	4	5	6	7
mañana	al cine	dinero	el río	6:15	de la iglesia	un bar
tarde	a la discoteca	tiempo	el parque	6:45	del videoclub	una cafetería
noche	al club	ganas	la playa	7:15	del instituto	una pizzería

6 La invitación

Copia la invitación. Escribe la palabra o expresión apropiada para cada espacio.

Ejemplo **1** Oye, ¿estás libre el viernes ...?

¡Hola, Moustafa!

Oye, ¿estás libre el ...**1**... por la ...**2**...? Me gustaría ir a la ...**3**... –
¿quieres venir conmigo y con Andrés? Nos vemos enfrente de la ...**4**... a las
...**5**... . Después, ¿quieres venir al ...**6**...? No quiero ir al ...**7**...
como normal porque no tengo mucho ...**8**... . ¡Qué pena!

Bueno, llámame pronto.

Charo

1 vier.

2

3

4

5 7:30

6

7

8

¿A qué hora nos vemos?	A las (ocho) en punto, a la (una) y media, *etc.*
¿Dónde nos vemos?	Delante / detrás / al lado / enfrente / encima / debajo del / de la ...

9.7 ¿Dónde? y ¿cuándo?

9D ¿Qué vas a hacer?

You will learn:
- to say what you're going to do
- to say where you're going and with whom

Grammar: simple future

Vas a ir a Granada el fin de semana, Isabel, ¿no?

Sí. Voy a salir el sábado con José Luis y su familia.

Tú vas a visitar la ciudad también, ¿no, Pilar?

¿Yo? No. Voy a quedarme en casa.

¿Pilar no va a ir, pero Isabel sí? ¿Qué pasa?

Es complicado ...

1 ¿Qué piensa Isabel?

Elige la palabra correcta para cada espacio: *ciudad, días, sábado, ir, monumentos, Granada.*

1 Voy a ir a ... con José Luis.
2 Voy a salir el ... .
3 Voy a quedarme dos ... .
4 Voy a visitar la ... .
5 Voy a ver los ... importantes.
6 No voy a ... con Pilar.

2 ¿Adónde? ¿Qué? ¿Con quién?

a Estudia los dibujos y la información. Escucha las conversaciones 1–6. ¿Quién habla?

Ejemplo **1** Federico.

Joaquín
Londres   sáb.
3 días   mi amiga Sol

Federico
la costa   dom.
7 días   mi familia

Pedro
sierra   miér.
5 días   mis padres

b Túrnate con tu pareja a ser Joaquín, Federico y Pedro. *A* pregunta. *B* contesta. Utiliza las preguntas y respuestas del cuadro.

¿Adónde vas a ir el fin de semana?	Voy a ir a ... (Granada)
¿Cuándo vas a salir?	Voy a salir el ... (sábado)
¿Cuánto tiempo vas a quedarte?	Voy a quedarme ... (dos días)
¿Con quién vas a ir?	Voy a ir con ... (mi familia)
¿Qué vas a hacer?	Voy a ... (visitar la ciudad)

9.8   ¡Qué cara!   9.9   Expressions of time

9 Acción: lengua

querer (to like, want) and **ir** (to go)

● **The verb querer** *(to like, to want) is as follows:*

(yo)	quiero	*I like / want*
(tú)	quieres	*you like / want (informal)*
(él)	quiere	*he likes / wants*
(ella)	quiere	*she likes / wants*
(usted)	quiere	*you like / want (formal)*

(nosotros)	queremos	*we like / want*
(vosotros)	queréis	*you like / want (informal)*
(ellos)	quieren	*they like / want*
(ellas)	quieren	*they like / want*
(ustedes)	quieren	*you like / want (formal)*

◆ **Choose one of** *quiero, quieres* **or** *quiere* **to fit in each gap.**

E.g. **1** quiero.

¡Decidir adónde ir es difícil, Ana! Yo …**1**… ir a la piscina, pero Nieves no …**2**… porque no le gusta. Tú no …**3**… ir a la playa pero yo, sí, …**4**… . Y Nieves no …**5**… hacer deporte porque está cansada y tú …**6**… hacer algo. ¡Es imposible!

♣ **Make new sentences using the prompt in brackets.**

E.g. ¿Qué **queréis** hacer **vosotros**?

1 ¿Qué <u>quieres</u> hacer tú? *(vosotros)*
2 <u>Ramón quiere</u> ir al cine. *(Julio y Miguel)*
3 <u>Yo quiero</u> visitar el nuevo museo. *(Papá y yo)*
4 Y Santi, ¿qué <u>quieres</u> hacer tú? *(Amaya y Belén)*
5 La abuela <u>quiere</u> venir a las seis. *(los abuelos)*
6 ¿Qué <u>quiero</u> hacer? ¡Ni idea! *(nosotros)*

● **The verb ir** *(to go) is as follows:*

(yo)	voy	*I go / am going*
(tú)	vas	*you go / are going (informal)*
(él)	va	*he goes / is going*
(ella)	va	*she goes / is going*
(usted)	va	*you go / are going (formal)*

(nosotros)	vamos	*we go / are going*
(vosotros)	vais	*you go / are going (informal)*
(ellos)	van	*they go / are going*
(ellas)	van	*they go / are going*
(ustedes)	van	*you go / are going (formal)*

When the verb *ir* is followed by an infinitive (a verb ending in *–ar, –er,* or *–ir*), it expresses what is going to happen in the immediate, or not very distant, future – just as in English.

El sábado, **voy a ir** al cine.   *On Saturday, I'm going to go to the cinema.*
Voy a hacer atletismo por la tarde.   *I'm going to do athletics in the afternoon.*

◆ **Decide if each sentence indicates what usually happens (the present), or what is going to happen (the future).**

E.g. **1** the present.

1 Son las ocho, y voy al instituto.
2 ¿Adónde vas los sábados, Celia?
3 Voy a ir a la piscina por la tarde.
4 Inés va a hacer gimnasia.
5 ¿Mireia? Va al polideportivo los martes.
6 ¿Vas a jugar al voleibol, Bernardo?

♣ **Put the following e-mail into the immediate future tense, using the correct parts of** *ir* **and the infinitive.**

E.g. Tere **va a cumplir** catorce años …

Tere <u>cumple</u> catorce años el dos de mayo. Como siempre, <u>quiere</u> hacer una fiesta. Este año <u>es</u> difícil porque yo no <u>tengo</u> mucho tiempo, y su padre y yo no <u>tenemos</u> mucho dinero. Tere y su hermana <u>están</u> decepcionadas, pero no <u>es</u> muy fácil. Dime, ¿<u>vas</u> a Madrid para Navidad?

10 La rutina

10A ¿Qué tienes que hacer?

You will learn:

● to say what you have to do at home, and ask others

Grammar: *tener que* (to have to); expressions of frequency

> ¡Un momento, Tomás! Tienes que quitar la mesa y lavar los platos ...

> ... pasar la aspiradora, y poner la mesa.

> ¡Juan! Tienes que recoger tu dormitorio. ¡Es una pocilga!

> El problema es que tengo que compartirlo con Tomás ...

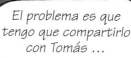
> Y tú, ¿qué tienes que hacer?

> Tengo que hacer la cama ...

> ... quitar el polvo y sacar la basura. Y Papá tiene que planchar.

> ¿Y la tía Teresa?

> La tía Teresa no está muy bien. Va a preparar la comida.

> Todo el mundo tiene que ayudar en casa, Juan, ¡es normal!

> ¿Sí? Entonces, ¿dónde está Isabel?

1 Tengo que ...

Apunta la letra de cada quehacer que hacen Tomás, Juan, Pilar, Papá, y Teresa.

Ejemplo Tomás – **d**, ...

a  b  c  d  e

f  g  h  i  j

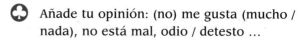

2 ¿Cuándo tienes que ayudar en casa?

 A pregunta (utiliza los dibujos **a–j** de la actividad 1), y **B** explica cuándo.

Añade tu opinión: (no) me gusta (mucho / nada), no está mal, odio / detesto …

A **B**

¿Tienes que lavar los platos?

Sí, todos los días.

Tienes que planchar?

A **B**

¿Tienes que lavar los platos?

Sí, todos los días.
¡No me gusta mucho!

¿Tienes que planchar?

a todos los días
every day

b el fin de semana
at the weekend

c de vez en cuando
sometimes

d nunca
never

3 La encuesta

Escucha a los jóvenes **1–8**. ¿Cuándo tienen que ayudar?

Apunta la letra correcta **a–d** (actividad 2).

Ejemplo **1 b** (el fin de semana).

4 Pilar escribe a su prima, Maite

Lee el extracto de la carta. Elige la palabra apropiada para cada espacio **1–8**.

Ejemplo **1** tiempo.

Aquí, es difícil en casa, Maite. Mamá es médica en el hospital y no tiene mucho …**1**… . Por eso, tengo que ayudar mucho.

Tengo que hacer mi …**2**… todos los días (normal, ¿no?) pero también tengo que …**3**… la basura, quitar el polvo, ayudar a planchar … ¡Odio planchar! Papá tiene que hacer mucho también: la compra, …**4**… la ropa, y …**5**… la aspiradora. Mi prima Isabel no tiene que hacer nada – siempre está fuera de casa con mi amigo José Luis.

Mi primo Tomás es un desastre – sólo tiene que …**6**… su dormitorio pero no le gusta hacerlo. ¡Y mi …**7**… Juan es igual! Mi tía Teresa no está bien, pero le gusta …**8**… la comida, y esto ayuda. ¡Estoy harta!

hermano   lavar   tiempo   preparar   cama   pasar   sacar   recoger

5 Te toca a ti

 Escribe una frase para cada persona de tu familia.

Ejemplo Yo tengo que (hacer mi cama todos los días) y …
Mi madrastra tiene que (preparar la comida) y …

Escribe unos párrafos como los de la carta de Pilar. Explica lo que hace cada miembro de tu familia, cuándo lo hace, y si le gusta o no.

(yo)	tengo que
(tú)	tienes que
(él)	tiene que
(ella)	tiene que
(usted)	tiene que

▶ Gramática 11

¿Qué tienes que hacer para ayudar en casa?	Tengo que …

hacer la cama, lavar los platos, quitar el polvo, pasar la aspiradora, planchar, preparar la comida, poner la mesa, quitar la mesa, recoger mi dormitorio, sacar la basura.

10.1 ¿Qué tienes que hacer …?   **10.2** Los quehaceres

¿Cómo es tu rutina diaria?

You will learn:

● to say what you have to do as part of your daily routine

¡Qué aburrido! Todos los días, hay que ...

1 ...desayunar

2 coger (el autobús)

3 ir al instituto

4 llegar (a tiempo)

5 escuchar

6 leer

7 escribir

8 volver a casa

9 comer

10 estudiar y hacer los deberes

11 salir un rato

12 ver (la tele) un poco

13 cenar

14 ir a la cama

¡Hay que trabajar mucho! ¡Es una vida de perros!

1 Hay que ...

a Escucha y lee lo que dicen Pepa y Tomás.

b Escucha. ¿Qué tienen que hacer Auri, David, Jazmina, Lorenzo y Montse?

◆ Para cada joven, apunta los números apropiados de las actividades de arriba.

Ejemplo Auri – **2**, ...

♣ Contesta también a las preguntas **a–f** con el nombre de la persona apropiada.

Ejemplo **a** – Auri.

¿Quién ...

a ¿...tiene que recoger su dormitorio?   **c** ¿...está cansado/a?   **e** ¿...es perezoso/a?

b ¿...tiene una clase de natación?   **d** ¿...no tiene tiempo?   **f** ¿...quiere quedarse en casa?

2 La rutina del campamento

◆ Elige la palabra apropiada en cada comentario.

Ejemplo Muriela – desayunar.

♣ ¿Cada joven está contento ☺, no está contento ☹, o no se sabe (?)?

Ejemplo Muriela ☹.

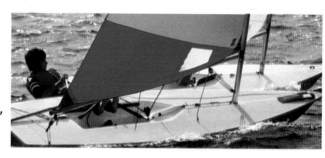

¡Odio la rutina aquí en el campamento! Hay que (*desayunar / cenar*) muy temprano a las siete de la mañana. Después, hay que recoger la tienda. **Muriela**

A las ocho, hay que ir a la escuela de vela. ¡Es importante (*estudiar / llegar*) a tiempo porque el instructor es estricto! Pero es amable y me gusta. **Dani**

Hay que escuchar atentamente. Lo bueno es que no hay que (*escribir / escuchar*) mucho, porque no hay papel ni lápices. **Olivia**

Hay que (*volver / salir*) al campamento a las dos para comer. **Nando**

No me gusta nada la comida, pero hay que (*coger / comer*) algo. **Azahara**

No se puede (*ver / escuchar*) la tele, porque no hay electricidad. ¡Qué aburrido! **Julio**

Me gusta este tipo de instituto, ¡porque no hay que (*hacer / ver*) deberes! **Paloma**

Es difícil (*llegar / leer*) libros o revistas con la luz de una lámpara de bolsillo – ¡pero es posible! **Victor**

¡Qué disgusto! Hay que (*ir / volver*) a la cama temprano. **Montse**

3 Mi rutina ideal

◆ ¿Cómo es tu rutina ideal? Escribe dos listas.

Hay que ...   No hay que ...

♣ Añade frases de la unidad 10A o 7C/D si quieres o utiliza un diccionario.

La rutina ideal de Tomás

Hay que ...	No hay que ...
desayunar a las nueve	ir al instituto
ver vídeos	hacer la cama
ir a la playa	

¿Cómo es tu rutina? ¿Qué hay que hacer?   Hay que (desayunar a las siete) (*act.1*)

10.3 La rutina

Normalmente ...

You will learn:
● to describe what you do
Grammar: the present tense (part 1)

1 Isabel 🎧 📖 10.4

Escucha y lee. En tu copia, escribe las letras que faltan. Subraya la actividad correcta.

> me levanto — temprano, tarde, a las
> desayuno — zumo de naranja, cereales

Por la mañana ...

(yo)	me levanto	temprano, tarde (a las siete y cuarto)
	desayun_	zumo de naranja, cereales, tostadas, té, café
	cojo	el autobús, el tren, el metro
	voy	al instituto, andando, en coche, solo/a
	lleg_	temprano, a tiempo, tarde
	escuch_	a los profesores, música, programas en la radio
	escrib_	en mis cuadernos, en mi carpeta, en mi agenda
	trabaj_	mucho, bastante, para los exámenes

Por la tarde ...

vuelvo	a casa, a las tres, a las cuatro y cuarto
com_	en casa con la familia, en la cantina, en el patio
salgo	un rato, con mis amigos, al parque, al polideportivo
juego	al fútbol, al tenis, al voleibol

Por la noche ...

ve_	la televisión, un vídeo
le_	un libro, una revista, un tebeo
hago	mis deberes, deporte, gimnasia
cen_	con mi familia, en la cocina, delante de la tele
voy	a la cama, a las diez y media, a las once

2 **Prepara un ejercicio oral** 💬

Haz apuntes sobre tu rutina: mañana, tarde, y noche.

Utiliza abreviaturas o dibujos, ¡no frases completas!

Haz tu ejercicio oral delante de tu grupo, clase o profesor/a.

> me lev. 7.30,
> tost. + té
> al inst. / autob.

primero	luego	después	más tarde	entre semana	el fin de semana
(first)	(then)	(afterwards)	(later)	(during the week)	(at the weekend)

> ¿Qué haces por la mañana / tarde / noche? Por la (mañana), me levanto ... etc. (act. 1)

3   Beltrán, monje medieval 📖 🅓

◆ Lee la carta. Escribe el número de los dibujos en el orden correcto, según su rutina.

Ejemplo **3**, …

> **Querida Mamá,**
>
> El monasterio no está mal. Normalmente me levanto a las cinco y voy a misa en la iglesia. ¡A veces llego tarde! Después, pongo la mesa para cincuenta personas.
>
> Luego, voy al jardín y trabajo con mis compañeros – es muy agradable. A las dos, como en el refectorio (el comedor). Por la tarde, voy al 'scriptorium' para copiar la Biblia. El profesor dice que no escribo muy bien y tengo la letra fatal.
>
> De vez en cuando, leo una historia de la Biblia en voz alta para el resto de la comunidad durante la cena. Voy a la cama a las ocho. Veo un pueblo desde la ventana de mi dormitorio, pero no salgo mucho: no se permite.
>
> Bueno, besos para mis hermanos y mi padre.
>
> **Beltrán**

♣ En cada frase **1–5**, una de las alternativas A, B o C es falsa – ¿cuál?

Ejemplo **1 A** es falsa.

		A	B	C
1	Beltrán vive …	con sus padres	con otros monjes	en un monasterio
2	Para Beltrán es difícil …	levantarse temprano	ir a misa	llegar a tiempo
3	En el jardín, trabaja …	con otras personas	solo	con mucho gusto
4	No le gusta copiar: …	no tiene buena letra	escribe muy bien	escribe mal
5	Va a la cama …	tarde	temprano	a las ocho

4   Imagina … ✏

Describe la rutina de un personaje histórico / imaginario, o de alguien del futuro.

-AR (*llegar*) yo lleg**o**	-ER (*comer*) yo com**o**	-IR (*escribir*) yo escrib**o**

(*jugar*) juego, (*coger*) cojo, (*hacer*) hago, (*poner*) pongo, (*ver*) veo, (*volver*) vuelvo, (*salir*) salgo

▶ **Gramática 11, AL 10**

10.5 ◆ El fin de semana   10.6 ♣ Lo normal   10.7 El presente y el futuro

You will learn:
● to ask questions about daily routine
Grammar: present tense (*tú*)

> Háblanos de tu rutina en Gran Bretaña, Tomás.

> ¿Qué desayunas, por ejemplo?

> ¿Sales mucho con tus amigos?

> ¿A qué hora llegas?

> ¿Dónde comes al mediodía?

> ¿Cómo vas al instituto?

> ¿Cuántas horas de deberes haces?

1 Interrogativos

a Escucha las preguntas de la clase de Tomás.

b ¡Repaso! ¿Cómo se dicen estas palabras en inglés?

c Escucha las respuestas de Tomás y apúntalas.

Ejemplo **1** cereales, té.

¿A qué hora ...?	¿Dónde ...?
¿Cuándo ...?	¿Cómo ..?
¿Qué ...?	¿Cuántos/as ...?

2 Los verbos

a Estudia el cuadro de verbos. Completa cada verbo de las preguntas **1–12** correctamente.

Ejemplo **1** ¿A qué hora te levant**as**?

		tú
-ar	*llegar*	lleg**as**
-er	*comer*	com**es**
-ir	*escribir*	escrib**es**

	tú
jugar	jueg**as**
volver	vuelv**es**

▶ **Gramática 10, 12, AL 10**

1 ¿A qué hora te levant_ _?
2 ¿Qué desayun_ _?
3 ¿Cómo v_ _ al instituto?
4 ¿A qué hora lleg_ _?
5 ¿Trabaj_ _ mucho en clase?
6 ¿Dónde com_ _ al mediodía?

7 ¿A qué hora vuelv_ _ a casa?
8 ¿Qué cen_ _?
9 ¿Cuántas horas de deberes hac_ _?
10 ¿V_ _ mucho la tele?
11 ¿Sal_ _ por la tarde?
12 ¿A qué hora te v_ _ a la cama?

💡 ¿No te acuerdas si un verbo termina en –**ar**, –**er** o –**ir**?
Ver Unidad 10B, actividad 1.

| 10.8 | ¡Aún más preguntas! | 10.9 | La rutina de Santi | 10.10 | Reflexive verbs |

b   Para cada pregunta **1–12**, busca la respuesta correspondiente **a–l**.

Ejemplo **1 h**.

a Andando.
b Depende. Carne o pescado, pasta y verduras.
c Mucho. Escucho al profe, escribo, o leo libros.
d A las tres de la tarde, después de las clases.
e Una hora o más – depende de los programas.
f De vez en cuando – al cine, o al polideportivo.

g Dos horas de deberes cada noche.
h A las seis y media de la mañana.
i A las diez o a las once de la noche.
j A las ocho y media, normalmente.
k En la cantina o en el patio del instituto.
l Cereales, té o café, y tostadas.

c   Para cada respuesta **a–l**, escribe el verbo apropiado. ¿Problemas? Ver la Unidad 10B.

Ejemplo **1** Voy andando.

3   Con tu pareja

A hace las preguntas **1–12** de la actividad 2. *B* contesta: adapta las respuestas **a–l**.

A ¿A qué hora te levantas?   *Me levanto a las siete y cuarto de la mañana.* **B**
¿Qué desayunas?   *Desayuno tostadas y zumo de naranja.*

4   La rutina de Santi [10.9]

Escucha lo que dice Santi. ¿Cada frase **1–6** es verdadera (V) o falsa (F)?

1 Me levanto a las siete y media.
2 Desayuno mucho.
3 Voy al instituto andando.
4 Como un bocadillo en el patio.
5 Voy al polideportivo después de las clases.
6 Veo cuatro o cinco horas de tele.

5   Una vida sana

◆ Santi quiere una rutina más sana. Lee su agenda. Escribe una entrevista con Santi para una revista.

> Háblanos de tu rutina, Santi. ¿A qué hora te levantas?
>
> Me levanto temprano, a las siete …

7:00 levantarme	2:00 comer: ensalada, pescado, fruta.
7:20 hacer footing (parque)	3:00 ver la tele
7:40 desayuno: fruta, tostadas	4:00 recoger el dormitorio, y hacer deberes
8:15 ir al instituto (bici)	6:30 ir al polideportivo: hacer natación
8:30 clases: matemáticas, francés, inglés, química, física.	8:00 leer, ¡hacer más deberes!, escuchar música
1:30 volver a casa	9:30 cenar: huevo, pan, yogur.
	11:00 ¡ir a la cama!

♣ Añade otros detalles si quieres, por ejemplo:
- qué asignaturas le gustan o no, y por qué (Unidad 5B, C y D).
- qué otros deportes le gusta hacer o le gustaría hacer (Unidad 7D).
- si tiene que ayudar en casa, y qué hace exactamente (Unidad 10C).

¿A qué hora … / ¿cuándo … / ¿qué … / ¿cómo … / ¿dónde … / ¿cuántos/as … ? (*act. 1 y 2*).

10E Hablando de otra persona

You will learn:
● to talk about what other people do
Grammar: present tense (*él, ella, usted*)

1 ¿Tomás? ¡Es un desastre! Se levanta tarde ...

2 no desayuna ...
no llega a tiempo al instituto ...

3 no estudia en clase ...

4 no estudia en clase ...

5 no apunta los deberes en su agenda ...

6 sale con Pepa al parque

7 vuelve a casa a las diez ...

---

1 Teresa y Carmina

Escucha y lee. Para cada frase **1–7**, apunta la letra del dibujo correspondiente **a–g**.

Ejemplo **1 d**.

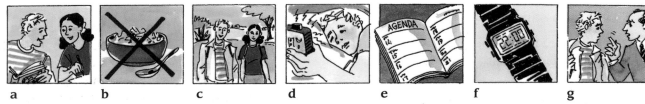

a　　**b**　　**c**　　**d**　　**e**　　**f**　　**g**

Escucha otra vez la conversación completa entre Carmina y Teresa. Hablan de Juan. Rellena cada espacio.

1 Va … a las …	**3** Llega … también.	**5** Juan no escribe nada …
2 Come …, y es todo.	**4** Estudia …	**6** Ve … de tele cada noche.

2 Ana y Daniela

¿Cada frase **1–8** se refiere a Ana Angelita o a Daniela Desastre?

Ana Angelita

1, …

Daniela Desastre

1 Desayuna bien: cereales y un zumo.	**5** Sale a los bares y a los clubs cada noche.
2 No coge el tren – va andando y llega tarde.	**6** Lava los platos, pasa la aspiradora y plancha.
3 Escucha a sus amigos pero no a los profes.	**7** No lee libros, sólo tebeos.
4 Juega al squash o hace footing todos los días.	**8** Hace diez minutos de deberes delante de la tele.

él / ella / usted	–AR (*llegar*) lleg**a**	–ER (*comer*) com**e**	–IR (*escribir*) escrib**e**	10.11 Stem-changing verbs
	(*jugar*) jueg**a**, (*volver*) vuelv**e**			

Gramática 10, 12, AL 10

10 Acción: lengua

● **The present tense indicates what usually happens, or what is happening now:**

Llego al instituto a las ocho.
¿Dónde **comes** al mediodía?
Paco **escribe** en su cuaderno.

I arrive at school at eight o'clock.
Where do *you eat* at midday?
Paco *writes* / *is writing* in his exercise book.

	-ar (llegar)	-er (comer)	-ir (escribir)
(yo)	llego	como	escribo
(tú)	llegas	comes	escribes
(él, ella, usted)	llega	come	escribe
(nosotros)	llegamos	comemos	escribimos
(vosotros)	llegáis	coméis	escribís
(ellos, ellas, (ustedes))	llegan	comen	escriben

These verbs are irregular in the 'yo' form

coger – cojo
recoger – recojo
hacer – hago
poner – pongo
salir – salgo
ver – veo*

*Ver (*to see, watch*): veo, ves, ve, vemos, veis, ven.
Jugar (*to play*): juego, juegas, juega, jugamos, jugáis, juegan. (*Gr. 12*)
Volver (*to return*): vuelvo, vuelves, vuelve, volvemos, volvéis, vuelven. (*Gr. 12*)

1 ◈ Put the monk Beltran's list of chores into the 'yo' form, present tense.

E.g. Los lunes, **lavo** los platos.

1 Los lunes – lavar los platos
2 Los martes – preparar la comida
3 Los miércoles – sacar la basura
4 Los jueves – poner las mesas
5 Los viernes – recoger el refectorio
6 Los sábados – salir al pueblo
7 Los domingos – leer la Biblia en la misa

2 ◈ Choose the correct verb from the alternatives in brackets.

E.g. hago.

¿Qué (*hago / hace*) yo el sábado? Depende.
Por la mañana, (*ayudo / ayuda*) a mi padre. Él
(*paso / pasa*) la aspiradora y (*plancha / planchas*) y
yo (*recojo / recoges*) mi dormitorio y el salón. Si
(*salgo / sale*) por la tarde, (*como / comes*) en casa
primero. Después, (*juego / juegas*) al fútbol con mis
amigos o (*hago / haces*) natación.

♣ Nuria tells a friend what her family does on a Saturday night. Match the two parts of each sentence correctly.

1 Mi hermano	**a** haces los deberes.
2 Alicia y yo	**b** vuelven tarde, normalmente.
3 Mis padres	**c** leo en mi dormitorio.
4 A veces yo	**d** no salís mucho, ¿verdad?
5 A qué tú	**e** juega con sus amigos.
6 Vosotros	**f** vemos la tele o un vídeo.

♣ Tomás's friends ask about the UK. Put each verb into the present tense.

E.g. ¿Es verdad que no **hacéis** vosotros ...?

1 ¿Es verdad que no (*hacer*) vosotros deberes?
2 Los jóvenes sólo (*comer*) hamburguesas, ¿no?
3 Nosotros (*beber*) café, vosotros no, ¿verdad?
4 Se dice que (*cenar*) vosotros muy temprano.
5 ¿Es verdad que las chicas (*jugar*) al fútbol?
6 Nosotros no (*ver*) mucho la tele – ¿y allí?
7 ¿Adónde (*salir*) vosotros el fin de semana?

1 ◇ ¿De qué hablan?

a Escucha los fragmentos de conversación 1–7. Para cada uno, elige el dibujo correcto.

Ejemplo **1 e**.

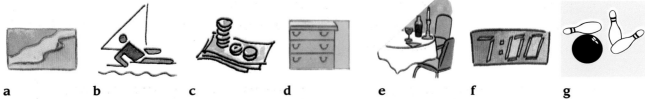

a   b   c   d   e   f   g

b Escucha otra vez. ¿La respuesta de cada persona es positiva (✔) o negativa (✘)?

Ejemplo **1 ✔**.

2 ◇ Julio

a Lee lo que dice Julio. Copia el cuadro. Rellena cada sección con las letras de los dibujos **A–G** apropiados de abajo.

☺	A,	(actividades que hago / me gustaría hacer)
☹		(actividades que no me gustan)
✔		(mi ciudad tiene)
✘		(mi ciudad no tiene)

Los sábados juego al fútbol con mis amigos en el parque, o voy al polideportivo. El voleibol es muy divertido.

No me gusta mucho ir al centro, porque no hay mucha diversión y odio ir de compras. Es feo: hay muchas fábricas, y es industrial y sucio.

Me gustaría hacer natación pero en mi pueblo no hay piscina. Me gustaría hacer piragüismo pero vivo lejos de un río, y no hay ningún club cerca.

Entre semana no hago mucho deporte: tengo clases todo el día, y deberes por la noche – por eso, no tengo mucho tiempo.

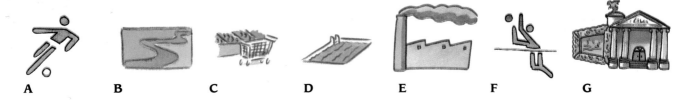

A   B   C   D   E   F   G

3 ◇ La verdad

¡Los anuncios para casas y pisos en los periódicos no dicen toda la verdad! Escribe un anuncio *honesto*.

Ejemplo

¡SE VENDE! Casa doble bastante antigua y fea. Patio delante y jardín pequeño detrás con mucha basura. Calle ruidosa – enfrente de la discoteca Nightbirds y al lado del garaje Esso. Salón feo, cocina antigua, cuarto de baño de color naranja. Dos dormitorios en la primera planta, y el dormitorio número tres es un armario. Hay desván pero en malas condiciones. ¡OCASIÓN!

 10.12   ◇ La agenda

4 ✿ Nancy

a Lee el mensaje electrónico de Nancy. Ella habla de cada tema 1–9: ¿sí o no?

Ejemplo **1** sí.

1 su rutina	**4** sus profes	**7** las diversiones
2 los quehaceres	**5** los deberes	**8** dónde se puede comer
3 su asignatura favorita	**6** los deportes	**9** lo que hace el fin de semana

Normalmente me levanto temprano, porque tengo que recoger mi dormitorio. ¿A qué hora te levantas tú? A veces, me toca a mí *limpiar el cuarto de baño* — ¡detesto hacerlo! ¿Tienes tú que ayudar en casa? Tengo seis horas de clases al día y no está mal, pero odio las matemáticas y *el diseño*. En el recreo, voy a la cafetería de enfrente. Después de los exámenes, voy a ir de excursión a un camping en Portugal con mi clase.

Vuelvo a casa a las tres, y como con la familia. Después, veo *las noticias* o alguna telenovela. Luego tengo que estudiar — tres horas cada noche. Al final, estoy *agotada*. A las ocho salgo con *la pandilla*: voy al cine, o damos una vuelta en el parque. ¿Tú sales mucho? De vez en cuando vamos a la discoteca. El sábado, voy a hacer *senderismo* y alpinismo. ¿Qué vas a hacer tú el fin de semana?

b Lee el artículo otra vez y busca la expresión *en cursiva* que significa:

1 una asignatura	**3** un deporte / actividad física	**5** un quehacer
2 un tipo de programa en la tele	**4** una emoción / sensación	**6** un grupo de amigos

c Para cada dibujo, decide si Nancy lo hace normalmente (N) o va a hacerlo en el futuro (F).

1   **2**   **3**   **4**   **5**   **6**

d Escribe una respuesta a Nancy; contesta a sus preguntas. Incluye otra información, si quieres.

5 ✿ ¡Cuánto sabes!

Prepara tus respuestas a las preguntas 1–10. Túrnate con tu pareja para preguntar y contestar.

1 ¿Dónde vives? (*6A, B*)	**6** ¿Qué te gusta hacer en tu tiempo libre? (*7C, D*)
2 ¿Qué hay en tu ciudad / pueblo? (*6C*)	**7** Descríbeme tu casa / piso (*8A, B, C, D*)
3 ¿Cómo es? ¿Te gusta? (*7A, B*)	**8** ¿Qué tienes que hacer para ayudar? (*10A*)
4 ¿Qué se puede hacer? (*7C*)	**9** Háblame de tu rutina de entresemana. (*10B, C*)
5 ¿Qué tiempo hace en tu región? (*6D*)	**10** ¿Qué vas a hacer el fin de semana? (*9D*)

 10.13   ✿ Nancy en Sevilla

La familia Willoughy va al nuevo piso. Pero todo no va bien entre Pilar e Isabel …

Adiós

¿Pilar? Teléfono.

¡Adiós, a la familia Willoughby! Isabel va al nuevo piso hoy con la tía Teresa y Tomás. Estoy muy contenta porque estoy harta de Isabel. Juan está muy ilusionado también porque no le gusta Tomás. Mamá está preocupada porque no puede ayudar mucho a la tía Teresa cuando no vive aquí. Y la tía Teresa está fatal: no tiene energía …

¡Isabel – ven! ¡El taxi está aquí!

Bueno … adiós, Pilar.

Adiós.

Amor

Tú puedes abrir la puerta a mi corazón,	Yo no puedo abrir la puerta a tu corazón,
Tú puedes cerrar la puerta a mi soledad,	Yo no puedo cerrar la puerta a tu soledad,
Ilusionada,	Preocupada,
Enamorada …	Decepcionada …
Esto es el amor.	Esto es el amor.

¡Hola! ¿Qué vas a hacer?

Voy a jugar al ping.

No se dice 'jugar al ping'. Se dice, 'jugar al ping-**pong**'.

¡Es que no tengo pareja!

¿QUÉ TIPO DE PERSONA ERES?

Apunta tus respuestas *a*, *b* o *c*, suma los puntos y lee el resultado.

1 ¿Te gusta ir a la discoteca?
 a sí, me encanta
 b no está mal
 c hay mucho ruido

2 ¿Te gusta ir al polideportivo?
 a me gusta bastante
 b me gusta mucho
 c es un poco aburrido

3 ¿Te gusta ir al cine?
 a sí, con amigos
 b sí, pero prefiero ir solo/a
 c no está mal

4 ¿Te gusta el color rojo en tu dormitorio?
 a no me gusta mucho
 b no me gusta nada
 c sí, me gusta

5 ¿Cómo prefieres ir a la piscina?
 a solo/a
 b con un grupo grande de amigos
 c con dos o tres amigos

6 ¿Qué opinas de los conciertos de música rock?
 a son graciosos y divertidos
 b son aburridos y ruidosos
 c regular

7 ¿Te gusta el color verde en tu dormitorio?
 a está bien
 b me gusta mucho
 c no me gusta

8 ¿Te interesa ir a los partidos de fútbol?
 a sí, mucho
 b depende
 c ¡qué va! es muy aburrido

9 ¿Qué te parece ir de tiendas?
 a ¡fatal!
 b ¡fenomenal!
 c regular

10 ¿Te gusta ir a las salas de juegos?
 a me encanta ir con amigos
 b prefiero ir solo/a
 c depende – si tengo dinero, me gusta

11 ¿Qué te parece ir de excursión?
 a me gusta bastante
 b es aburrido
 c es divertido – me gusta el campo

12 Tu amigo te invita a ir de pesca. ¿Qué dices?
 a ¡qué bien!
 b ¡qué horror!
 c lo siento, pero tengo muchos deberes

¡1–14 puntos? Eres una persona bastante solitaria. No te gusta mucho la movida y no te gusta nada el ruido. Prefieres la tranquilidad y la compañía de dos o tres amigos íntimos.

¿15–25 puntos? Te gustan mucho la diversión y salir con tus amigos, pero también te gustan actividades más tranquilas. Eres una persona equilibrada.

¿26–36 puntos? Eres una persona muy activa – te gustan la movida, la diversión, y salir a la calle. ¡Pero atención – hay también que hacer los deberes!

1 a3 b2 c1	7 a2 b1 c3
2 a1 b2 c3	8 a3 b2 c1
3 a3 b1 c2	9 a1 b3 c2
4 a1 b2 c3	10 a3 b1 c2
5 a1 b3 c2	11 a2 b3 c1
6 a3 b1 c2	12 a1 b3 c2

Problemas de diccionario

- If you have problems finding a word, check that your spelling is correct!
- Does the word end in –s or –es? These are plurals. Try looking up the word without them, because dictionaries list words in the singular.
- Does the word end in –a? This may be a feminine ending: look it up with an –o on the end.

Now look up the following words:

mañana   deprimida   pimientos   países   cansada   platos

Tomando apuntes

When listening, you will sometimes need to take notes, and write up your answers later.

DON'T

- panic if you hear unfamilar words
- try to copy down everything
- try to write words in full

DO

- focus on familiar words
- jot down the 'clue words'
- write words in a skeleton form

Develop your own system. What do you think these abbreviations for a house advertisement might mean?

cs. dob.   afuer.   coc.   com.   sal.   c. de bñ.   3 dorm.   terr.   jard.

Te toca a ti. Escucha la entrevista con Pedro y apunta información sobre:

1 la familia de Pedro
2 la ciudad de Pontevedra
3 las habitaciones en su piso

Escribir mejor

- Very short sentences seem jerky, so make sentences longer by using joining words:
  que who, which   **y** and   **pero** but   **porque** because

- Compare these two examples. Which flows more smoothly?

Me llamo Kate. Vivo en Dublín. Es una ciudad grande en Irlanda. Me gusta.
Hay mucha diversión. El centro es sucio.

Me llamo Kate y vivo en Dublín, que es una ciudad grande en Irlanda.
Me gusta mucho porque hay mucha diversión, pero el centro es sucio.

Try joining these sentences together to make Matthew's letter read more smoothly.

Me llamo Matthew. Vivo en Sheffield. Es una ciudad industrial. Es grande. Tengo muchos
amigos. Hay mucha diversión. Hay una piscina, una bolera, y dos o tres cines. Me gusta.

1 You don't do well in this survey! Answer in the negative, 'yo' form.

Ejemplo **1** No me levanto temprano.

1 ¿Te levantas temprano?
2 ¿Desayunas bien?
3 ¿Haces deporte?
4 ¿Vas mucho al polideportivo?
5 ¿Tienes energía todo el día?
6 ¿Quieres cambiar de rutina?

2 Match the two halves of the sentences correctly.

1 El videoclub está al lado ...
2 ¿La cafetería? Está enfrente de la ...
3 El polideportivo está en el ...
4 ¿Quieres ir al cine? Está cerca de las ...
5 La piscina está entre ...
6 ¿La panadería? Está cerca de los ...

a parque.
b el instituto y el Hotel del Coto.
c del bar.
d dos supermercados.
e iglesia.
f tiendas en el centro.

3 Replace each number with *a*, *al*, *a la*, *a los* or *a las*, as appropriate.

E.g. **1** a la.

PACO   Si vas ...**1**... costa, ve ...**2**... Cádiz.
LUIS   Me gusta ir ...**3**... playa y ...**4**... piscina.
PACO   También puedes ir ...**5**... centro.
TERE   Te gusta ir ...**6**... campo, ¿no?
PACO   ¿Vas ...**7**... salas de juego?
TERE   Sí, y ...**8**... clubs. ¿Y tú?
LUIS   ¿Yo? No, gracias. ¡Voy ...**9**... casa!

4 Choose the correct part of the verb in brackets.

E.g. Bueno, yo voy al supermercado ...

Bueno, yo (*voy, vas*) al supermercado, y mi mujer (*vas, va*) al centro. ¿Esta tarde? Nosotros (*vais, vamos*) al cine. Vostros (*vais, vas*) al club, ¿no? Y mañana, (*voy, van*) a Burgos para ver a mis padres.

5 Put each underlined verb in the future and add the prompt in brackets.

E.g. Toñi, vas a ayudar en casa cada día.

1 Toñi, <u>ayudas</u> en casa ... (cada día)
2 Tu hermana <u>hace</u> su cama ... (por la mañana)
3 Los chicos <u>vuelven</u> a casa ... (a tiempo)
4 Papá <u>recoge</u> el salón ... (cada noche)
5 Nosotros <u>tenemos</u> una casa limpia ... (por fin)
6 ¿Y yo? ¡<u>Leo</u> novelas en el sofá! (todo el día)

6 Choose the correct verb from the list below for each gap in Isabel's e-mail.

E.g. **1** estoy.

Querido Papá – ¡hola! Hoy es mi primer día en el nuevo piso con Mamá y Tomás, pero no ...**1**... muy contenta. Pilar ...**2**... furiosa conmigo, porque José Luis ...**3**... salir conmigo y no con ella. Pero yo no ...**4**... hablar con Pilar sobre lo de José Luis, porque ella no ...**5**....

Tomás ...**6**... muy perezoso y ...**7**... dormitorio es una pocilga. Tomás no ...**8**.... Nunca ...**9**... su cama – Mamá y yo ...**10**... toda la casa. ¿Cuándo ...**11**... tú a Sevilla, Papá? Te echo de menos.... Besos, Isabel.

1	estoy	soy	estar
2	está	estás	es
3	quieres	querer	quiere
4	puedo	puedes	puede
5	escucho	escucha	escuchar
6	eres	soy	es
7	mi	su	tu
8	ayudar	ayudo	ayuda
9	hace	hago	haces
10	recoge	recogen	recogemos
11	volver	vuelves	vuelvo

7 Write the correct part of the verb in brackets.

E.g. Mi mejor amigo se llama Quino.

Mi mejor amigo (*llamarse*) Quino. Él y yo (*ser*) parecidos. Pero cuando él (*estar*) de mal humor, no (*querer*) hablar. Yo (*ser*) más extrovertido – cuando (*estar*) enfadado, ¡(*tener*) que comunicarlo!

Comer fuera

11A ¿Qué quieres beber?

You will learn:
- to order a hot or cold drink
- to ask others what they want to drink

¡Isabel – aquí!

Quiero una limonada …

Carlos, mira …

Elvira, ¿qué quieres?

Papá, yo quiero …

Javi, un momentito. ¿Elvira?

Yo … un café con leche y un agua mineral.

¿Con gas, o sin gas?

Sin gas. ¿Y tú, Santi?

Mm … un café solo.

¿Javi quiere algo frío? ¿Una limonada?

Sí.

¡No!

¿Quieres algo caliente, Javi? ¿Un chocolate?

¡No!

¿Quieres una coca?

¡Quiero DOS cocas!

¡Oiga, camarero!

UNA coca.

¡Quiero dos!

¿Sí, señora?

1 ¿Sí, señora?

¿Qué quieren beber Elvira, Santi, Javi y Carlos? Escribe la letra de la bebida.

Ejemplo Elvira **b** …

a   b   c   d   e   f   g   h   i   j

♣ Identifica las otras bebidas en las fotos. Utiliza la lista de la actividad 2 como ayuda.

Ejemplo **a** un chocolate.

2 ¿Quieres algo frío / caliente?

Túrnate con tu pareja. *A* elige algo en secreto; *B* adivina.

B

¿Quieres algo frío?

A

Sí.

¿Quieres una limonada?

No.

¿Quieres un zumo de naranja?

No.

¿Quieres un batido de fresa?

¡Sí!

BEBIDAS, ZUMOS, REFRESCOS

un café solo	0,54 euros
un café con leche	0,63 euros
un té solo	0,51 euros
un té con leche / limón	0,66 euros
un chocolate	0,75 euros
una limonada, una naranjada	0,69 euros
una coca	0,79 euros
un zumo de naranja	0,90 euros
un agua mineral sin gas	0,48 euros
un agua mineral con gas	0,60 euros
un batido de chocolate / fresa	0,78 euros

3 Bebidas

◆ Inventa bebidas horribles.

Ejemplo un café con limón.

con limón   con hielo   con leche

♣ Busca frutas en el diccionario. Inventa otros zumos.

apple   manzana (f)

Ejemplo un zumo de manzana.

4 ¿Qué quieres beber?

a Escucha y lee. ¿Qué quieren José Luis, Carlos, Pilar e Isabel?

Ejemplo José Luis: una limonada.

b ◆ Practica la conversación en un grupo de cinco.

♣ Inventa otra conversación en una cafetería.

¡Oiga, camarero!

Sí, dígame.

Quiero …

Y yo, …

Yo quiero … Pilar, ¿qué quieres beber?

Algo caliente …

¿Algo más?

No, nada más. Es todo.

Muy bien, en seguida.

(A un amigo / una amiga)	¿Quieres algo frío / caliente?	¿Qué quieres beber / tomar?
	Quiero (beber / tomar)	un té, una limonada (*act. 1*)

11.1 Los nuevos camareros   11.2 ◆ Las bebidas   11.3 Típico de España

You will learn:
- to order something to eat
- other ways of saying what you'd like
- to ask what there is for vegetarians
Grammar: *para mí, ti, él, ella*, etc.

1	2	3	4	5	6
una hamburguesa	un perrito caliente	un bocadillo de jamón York	un cruasán de queso	un cruasán vegetal	un cruasán de chorizo

7	8	9	10	11	12 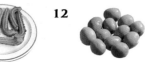
una tortilla española	calamares	patatas fritas	pescado frito	churros	aceitunas

1 ¡Rápido!

a Escucha y lee.

b Trabaja en grupo de tres: *A* dice un número, *B* y *C* dicen el plato.

Respuesta correcta – un punto.

¿Quién gana – *B* o *C*?

A *número once* *mm…* **B** **C** *¡churros!*

¿Para quién es?

Para mí, pescado frito. ¿Y para ti, Isabel? ¿Qué quieres comer?

Es que … soy vegetariana.

¿Sí? Y tú, Tomás, ¿eres vegetariano también?

¿Yo? ¡No! Quisiera una hamburguesa.

¿Para ti, Pepa?

Un perrito caliente.

¿Hay algo para vegetarianos?

Bueno, hay cruasanes de queso, y tortilla …

¿Para quién es?

La tortilla de patatas es para ella.

¿Pescado frito? ¡Es para él! Eugh …

2 ¿Para quién es?

♦ ¿Qué quieren comer José Luis, Isabel, Pepa y Tomás?

Ejemplo José Luis **3**.

1 una hamburguesa
2 una tortilla de patatas
3 pescado frito
4 un perrito caliente

♣ ¿Sí o no?

Ejemplo **1** no.

1 Pepa quiere pescado.
2 La tortilla es para Tomás.
3 José Luis quiere una hamburguesa.
4 Isabel es vegetariana.

3 El resto de la conversación

¿Qué quieren Carlos, Guillermo, Merche y Pilar? Apunta el número de la foto (actividad 1) apropiada.

Ejemplo Carlos **11**.

4 ¿Para vegetarianos o no?

◆ Lee la información. Divide los bocadillos y tapas en dos listas.

Para vegetarianos	No para vegetarianos
	bocadillos de chorizo

Hay bocadillos de muchos tipos: *bocadillos de chorizo, bocadillos de salchichón,* y *bocadillos de atún y mayonesa,* por ejemplo.

El bocadillo de jamón serrano contiene un tipo de jamón especial de la sierra o montaña, y cuesta más. Hay *sandwiches tostados de queso y tomate,* también.

Algo muy bueno es una tapa – una ración de comida típica. Se puede comer tapas en los bares y cafeterías, y hay una gran variedad.

Las tapas populares son: *ensaladilla rusa* (patatas, guisantes, zanahorias y atún con mayonesa), *almendras fritas, croquetas de patatas* y *champiñones al ajillo.*

♣ Contesta *verdad* o *mentira* a cada frase 1–6.

Ejemplo **1** verdad.

1 En inglés, 'tapa' quiere decir 'snack' o 'appetizer'.
2 El jamón serrano cuesta más que el jamón York.
3 Las tapas se comen sólo en restaurantes.
4 Hay muchos tipos de tapas.
5 Se puede comer algo caliente.
6 No hay tapas para vegetarianos.

5 Para comer y beber

En un grupo de tres, lee la conversación. Cambia las palabras <u>subrayadas</u> para inventar otras.

(Cam. = Camarero/a).

CAM. Buenos días, ¿dígame?
JUAN Buenos días. Para mí, <u>una ración de calamares</u>.
      ¿Y para ti, Ana? ¿Qué quieres comer?
ANA   Soy <u>vegetariana</u>. ¿Hay algo para vegetarianos?
CAM. Sí, hay bocadillos y cruasanes de queso, tortilla ...
ANA   Para mí, entonces, <u>un bocadillo de tortilla</u>.
CAM. ¿Y para beber?
JUAN Quiero <u>un zumo de naranja</u>.
ANA   Quisiera <u>un café con leche</u>.
CAM. Muy bien, en seguida.

¿Qué quieres comer / tomar?	Quiero / quisiera comer / tomar ... *(act. 1)*	para mí, para ti
Soy vegetariano/a.	Sí, hay (bocadillos de queso, *etc.*)	para él, para ella
¿Hay algo para vegetarianos?		para mi amigo/a

▶ **Gramática 18, AL 11**

11.4 ¡Qué rico!   11.5 Tengo hambre y sed

You will learn:
- to ask how much something is
- how to pay the bill
- numbers from 100 to 1000

1 Números grandes

a Escucha los números y rellena los espacios.

Ejemplo 200 doscientos.

100 cien	600 ...cientos
200 ...cientos	700 setecientos
300 ...cientos	800 ...cientos
400 ...cientos	900 novecientos
500 quinientos	1000 mil

b *A* piensa en un número; *B* adivina. Utiliza:

 los números de la actividad *a*.

 números más complicados (por ej. 362).

B	**A**
¡Trescientos!	Más.
¡Setecientos!	Menos.
¿Seiscientos?	¡Sí!

La cuenta

¡Oiga, camarera! La cuenta, por favor.

¿Cuánto es en total?

Doce euros, setenta y cuatro céntimos. Guillermo ...

Sólo tengo un billete de cinco euros, Pilar – ¿tienes cambio?

No sé. Un minuto ...

¿Qué hay aquí? Un billete de veinte euros, y monedas de ...

un euro, dos euros ...

... veinte, cinco, y dos céntimos.

Bueno, el billete para mí, y las monedas para ti.

¡Oye!

¡Quique!

Lo siento, toma.

¡Quique es mi primo!

2 El dinero español

Escucha y lee la historia. Luego, copia y rellena los espacios.

Hay billetes de: ... euros, 10 euros, ... euros, 50 euros, 100 euros, 200 euros, 500 euros.

Hay monedas de: 1 céntimo, ... céntimos, ... céntimos, 10 céntimos, ... céntimos, 50 céntimos, ... euro, ... euros

3 Aquí tiene

Escucha la conversación entre Isabel, Pilar, Carlos, Merche, Guillermo y José Luis.

Para cada persona, elige la cuenta.

Ejemplo Isabel 1,56.

1,74   1,56   1,49   1,52   1,68   1,65

Contesta a las tres preguntas:

1 ¿Cuánto es para Tomás?
2 ¿Cuánto es para Pepa?
3 ¿Qué problema tiene Tomás?

4 En la cafetería

Empareja correctamente. *Ejemplo* **1 f**.

CLIENTE

1 ¡Oiga, camarero/a!
2 Quiero algo caliente. ¿Hay churros?
3 Una ración de churros, entonces.
4 Quisiera un chocolate caliente, por favor.
5 No, nada más, gracias. Es todo.
6 ¡La cuenta, por favor! ¿Cuánto es en total?
7 Lo siento, sólo tengo un billete de diez euros.

CAMARERO

a Muy bien. En seguida.
b En total son 1,71 euros.
c No hay problema. Tengo cambio.
d ¿Algo más?
e ¿Y para beber?
f Sí, dígame.
g Sí, hay churros.

5 En la cafetería con un grupo de amigos

Inventa una escena. Utiliza la actividad 4 de arriba, y la actividad 5 de la Unidad 11B.

BEBIDAS, REFRESCOS	
un café solo	0,54 euros
un café con leche	0,63 euros
un té solo	0,51 euros
un té con leche / limón	0,66 euros
un chocolate	0,75 euros
una limonada, una naranjada	0,69 euros
una coca	0,79 euros
un zumo de naranja	0,90 euros
un agua mineral sin gas	0,48 euros
un agua mineral con gas	0,60 euros
un batido de chocolate / fresa	0,78 euros

BOCADILLOS, TAPAS	
una hamburguesa	0,95 euros
un perrito caliente	0,90 euros
un bocadillo de queso / jamón York	0,93 euros
un bocadillo de jamón serrano	1,05 euros
un bocadillo de chorizo / atún	0,93 euros
un cruasán vegetal / de queso	0,95 euros
un sandwich tostado mixto / vegetal	0,95 euros
una tortilla española (una ración)	0,90 euros
calamares / pescado frito	1,05 euros
patatas fritas	0,66 euros
churros (una ración)	0,96 euros

¡Oiga, camarero/a! La cuenta, por favor.   ¿Cuánto es en total?   Son (1,57) euros.

¿Tienes cambio?   No, lo siento, no tengo cambio. Sólo tengo un billete de ... euros.

11.6 ¡Oiga, camarero!

11D En el restaurante

You will learn:
● how to order a three-course meal
Grammar: the verb *preferir* (to prefer)

1 El menú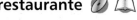

Lee el menú de la actividad 2. Haz una lista de las cosas que te gustaría tomar o no.

	Me gustaría comer	No me gustaría comer	Me gustaría beber
Ejemplo	sopa de verduras	gambas al ajillo	zumo de piña

2 En el restaurante

Escucha y lee la escena. Para cada letra (A, B, *etc*.) apunta el número apropiado del menú.

Ejemplo **A 2**.

CAMARERO	¿Qué van a tomar?
CARMINA	De primero, ...**A**...
OMAR	Para mí ...**B**...
TERESA	Quisiera ...**C**..., por favor.
CAMARERO	¿Y de segundo?
OMAR	Yo, ...**D**...
TERESA	Quisiera ...**E**...
CARMINA	Para mí, ...**F**...

DE PRIMERO	**DE POSTRE**
1 Sopa de verduras	**7** Flan
2 Gambas al ajillo	**8** Fruta del tiempo
3 Pisto manchego	**9** Helado de fresa / vainilla
DE SEGUNDO	**VINOS, AGUA, ZUMOS**
4 Filete de ternera / cerdo	**10** vino tinto / blanco / rosado
5 Trucha con almendras	**11** agua mineral
6 Tortilla de champiñones	**12** zumo de naranja / piña

CAMARERO	¿Y para beber?
OMAR	Una botella de ...**G**...
TERESA	Y una botella de ...**H**...
CAMARERO	Muy bien. ¿Algo más?
OMAR	¿Nos trae más pan, por favor?
CAMARERO	Muy bien, en seguida.

OMAR	¿Qué hay?
CAMARERO	Hay flan, fruta, helados ...
CARMINA	Prefiero ...**I**...
OMAR	Para mí, ...**J**... ¿Qué prefieres, Teresa?
TERESA	Voy a tomar ...**K**...
CAMARERO	Muy bien, señores.

3 ¿Qué prefieres tú?

a Túrnate con tus amigos: ¿qué prefieres *de primero*, *de segundo*, *de postre*, y *para beber*?

A
De primero, ¿qué prefieres?
Prefiero tomar sopa de verduras. ¿Y tú, qué prefieres?
Prefiero sopa de verduras. Y de segundo, ¿qué prefieres?
B

(yo) prefiero
(tú) prefieres
(él, ella, usted) prefiere

 Gramática 12, AL 11

b Con un grupo de amigos, lee la escena de la actividad 2. Inventa otra. Cambia los platos y las bebidas.

11.7 ◆ Para mí

11.8 ♣ Vamos a comer fuera

● **The verb preferir (*to prefer*) is as follows:**

(yo)	prefiero	*I prefer*
(tú)	prefieres	*you prefer (informal)*
(él)	prefiere	*he prefers*
(ella)	prefiere	*she prefers*
(usted)	prefiere	*you prefer (formal)*

(nosotros)	preferimos	*we prefer*
(vosotros)	preferís	*you prefer (informal)*
(ellos)	prefieren	*they prefer*
(ellas)	prefieren	*they prefer*
(ustedes)	prefieren	*you prefer (formal)*

1 Choose the correct verb for each gap:
prefiero, prefieres or *prefiere*.

E.g. **1** prefieres.

JOSÉ	¿El té: ...**1**... té con leche?
NICO	...**2**... té solo. ¿Dónde está Ali?
JOSÉ	No sé. ¿Qué ...**3**... él – algo frío?
NICO	Sí. ¿...**4**... tú ir al río o al parque?
JOSÉ	¿Yo? ¡...**5**... estar aquí en el bar!

Teachers discuss who is to be on duty where. Rewrite with the correct part of the verb *preferir*.

E.g. Prefieres.

- ¿(Te gusta más) estar en el patio?
+ ¡No! (Me gusta más) el interior. ¡Hace frío hoy!
- ¿Y Elena? (Le gusta más) la biblioteca, ¿no?
+ Sí. ¿Juan y Seve? (Les gustan más) los pasillos.
- ¿Y vosotros? ¡A qué (os gusta más) el comedor!

● **Para mí, ti, *etc.***

para mí	*for me*
para ti*	*for you (informal)*
para él	*for him*
para ella	*for her*
para usted	*for you (formal)*

para nosotros	*for us*
para vosotros	*for you (informal)*
para ellos	*for them (m)*
para ellas	*for them (f)*
para ustedes	*for you (formal)*

* Note that there is no accent on ti.

2 Choose the correct word from the alternatives in brackets.

E.g. mí.

Yo quiero algo frío – para (*mí / él*), un zumo de naranja. ¿Marcos? Para (*él / ella*) un café sólo. Elisa prefiere algo caliente: un té para (*ella / ti*). Me gustaría comer churros, y Paula también: churros para (*él / mí*) y para (*él / ella*) también. ¿Y tú? ¿Qué voy a comprar para (*ti / mí*)?

Find a different way of expressing each of the underlined phrases, using *para*.

E.g. **1** Para Enrique, un sandwich tostado.

1 <u>Enrique prefiere</u> un sandwich tostado.
2 <u>Yo quiero</u> un bocadillo de jamón.
3 ¿<u>Tú prefieres</u> un batido de fresa, ¿no?
4 <u>Marisa y yo preferimos</u> ensaladilla rusa.
5 ¿Rafa y Dario? <u>Quieren</u> helados, ¿verdad?
6 ¿<u>Qué preferís vosotros</u>? ¿Algo caliente?

● **Notes on numbers**

The number 100 on its own is cien. *E.g.* Hay **cien** alumnos en mi clase.
When another number comes after it, it becomes **ciento**. *E.g.* 110 = cien**to** diez.
When numbers in the hundreds (e.g. 200 – doscientos*) relate to something feminine, their ending changes to* –as. *E.g.* doscien**tos** chic**os** *(m)*, doscien**tas** chic**as** *(f)*.

12 ¡A comprar!

12A ¡Vamos de tiendas!

You will learn:
- the names for different types of shops
- the names for different types of items to buy

Teresa y Tomás deciden hacer una fiesta sorpresa para celebrar el cumpleaños de Pilar.

Teresa hace una lista de compras antes de visitar las tiendas del barrio:

A la panadería

D la pescadería

G la droguería

B la pastelería

E la carnicería

H la tienda de alimentación

C la frutería

F el quiosco

I la farmacia

1 Las tiendas

a Escucha y lee.

b Escucha otra vez. ¿Tomás y Teresa deciden visitar las tiendas en qué orden?

Ejemplo **D**, ...

Apunta la letra de la tienda que ...

1 está cerca de casa; **2** es la única del barrio; **3** está lejos de casa; **4** le gusta a Tomás.

2 La lista de compras de Teresa

a Lee. ¿Qué se compra en cada tienda?

Ejemplo La panadería **5**, ...

b Túrnate con tu pareja a preguntar y contestar.

A
¿Dónde se compra carne picada?

B
En la carnicería.
¿Dónde se compran naranjas?
En la frutería. ¿Dónde ...?

se compra – *singular* (**un** artículo)
se compran – *plural* (**dos** artículos o más)

LISTA DE COMPRAS

1 tomates
2 pasteles
3 azúcar
4 ajo
5 pan
6 patatas
7 mantequilla
8 café
9 aspirinas
10 harina
11 limones
12 zumo de fruta
13 pimientos
14 filete de cerdo
15 leche
16 una revista
17 naranjas
18 patatas fritas
19 vino
20 cebollas
21 limonada
22 pañuelos de papel
23 carne picada
24 sardinas frescas

3 Las tiendas españolas

Lee la información siguiente. Busca la palabra apropiada para cada dibujo **1–6**.

Ejemplo **1** mercado.

1  **2** **3**  **4**  **5**  **6**

En un barrio típico, hay muchas tiendas pequeñas. De lunes a viernes, la gente prefiere comprar comida fresca en su barrio. Muy popular también es el <u>mercado</u>, donde se compra todo tipo de comida y <u>ropa</u>. Cada barrio tiene un quiosco, donde se compran <u>periódicos</u>. Los supermercados grandes o hipermercados están generalmente en las afueras de la ciudad, y la gente va allí los sábados o domingos, o una vez al mes. Si quieres comprar <u>antibióticos</u>, hay que ir a la farmacia. La droguería es para artículos como <u>el detergente</u>, los pañuelos de papel, <u>el champú</u>, <u>pasta de dientes</u>, etcétera. El Corte Inglés es el nombre de unos almacenes grandes, que venden de todo.

Elige la palabra correcta de la lista para cada frase **1–6**.

1 Cada barrio tiene … pequeñas.
2 La gente prefiere hacer sus compras en las tiendas o el … de su barrio.
3 Los … no están en el centro, generalmente.
4 La gente prefiere ir a los supermercados grandes ….
5 Para comprar …, hay que ir a la farmacia.
6 Unos grandes … famosos son el Corte Inglés.

el fin de semana	almacenes
medicina	mercado
tiendas	hipermercados

 Vamos de compras   Más tiendas ...

12B ¿Por dónde se va?

You will learn:
- to ask for and give directions

Grammar: positive commands: *tú*, *usted*

Perdone, ¿por dónde se va a la Cafetería Caracol?

2 — Cruce la plaza.

4 — ¡No! Suba la calle.

6 — No, siga todo recto.

8 — No, tuerza a la izquierda

Vale, gracias. ¡Adiós!

1 — Tome la primera a la izquierda.

3 — Baje la calle.

5 — Coja la segunda a la derecha.

7 — Tome la segunda a la izquierda

9 — Está al final.

1 ¿Por dónde se va?

a Escucha y lee la conversación entre Tomás, Isabel y el señor.

b Escucha. El dibujo para cada conversación **1–6** es correcto o no? Escribe ✔ o ✘.

Ejemplo **1 ✔**.

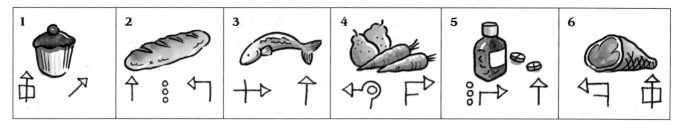

c Utiliza los dibujos para hacer seis conversaciones con tu pareja.

A *Perdone, ¿por dónde se va a la pastelería?*   **B** *¿A la pastelería? Cruce la plaza y suba la calle.*

Vale, gracias.

3   Los clientes

a   ¡Repaso! ¿Cómo se dice en inglés: *al lado, entre, al final, lejos, enfrente, en?*

b   ◆ La recepcionista da instrucciones a los clientes. Estudia el plano.
¿Adónde quiere ir cada cliente? Empieza en el Hotel Los Álamos.

Ejemplo   **1** el restaurante.

1   Cruce el puente. En la rotonda, tuerza a la derecha, y está allí, a la derecha.

2   Baje la Avenida María Cristina hasta los semáforos. Siga todo recto y tome la segunda calle a la izquierda. Está allí, a la derecha.

3   Cruce el puente y en la rotonda, siga todo recto. Cruce la plaza y siga hasta la calle Murillo. Está allí, a la izquierda, enfrente de la tienda de alimentación.

4   Está allí, enfrente del hotel, en la Avenida María Cristina.

5   Cruce el puente. Luego, en la rotonda, siga todo recto hasta la Plaza Mayor. Está en la plaza, a la derecha en la esquina.

6   Baje la avenida hasta los semáforos. Después, tuerza a la izquierda. Al final de la calle, tuerza a la derecha. Está enfrente, de la discoteca.

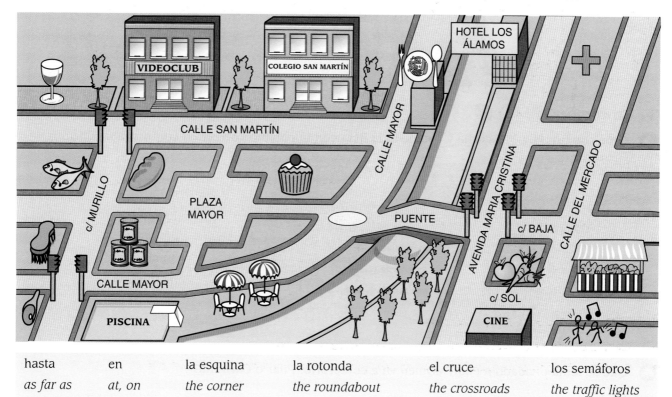

hasta	en	la esquina	la rotonda	el cruce	los semáforos
as far as	*at, on*	*the corner*	*the roundabout*	*the crossroads*	*the traffic lights*

 Apunta instrucciones para tu pareja. Utiliza la forma 'tú'. Mira el cuadro de abajo.

Ejemplo   Estás en <u>el colegio</u>, ¿no? Sigue todo recto por la calle Murillo hasta la calle Mayor ...

1 el colegio – el cine   **2** la discoteca – el bar   **3** el videoclub – la piscina

Usted *(formal)*	tome	baje	cruce	suba	coja	siga	tuerza
Tú *(informal)*	toma	baja	cruza	sube	coge	sigue	tuerce

▶ **Gramática 22, AL 12**

12.3 Perdone ...   **12.4** ¿Me puede ayudar?

12C ¿Qué desea?

You will learn:
- to buy groceries
- to talk about quantities and containers

1 La compra

¿Qué compra Pilar? Escucha y completa la lista con la palabra correcta o con una abreviación.

Ejemplo **1** nar. / naranjas.

```
un kilo de (...1...)          una botella de (...7...)
medio kilo de (...2...)       una lata de (...8...)
100 gramos de (...3...)       un bote de (...9...)
un litro de (...4...)         un tubo de (...10...)
medio litro de (...5...)      una caja de (...11...)
una bolsa de (...6...)
```

pañuelos	naranjas
tomates	vino
limonada	sardinas
bombones	queso
mermelada	leche
pasta de dientes	

Qué se le ha olvidado a Pilar? ¿Quién va a comprarlo: Pilar o Carmina?

2 ¿Cuál es?

Empareja las letras **a–k** de la foto con las frases **1–11**.

Ejemplo **1 h**.

3 ¡Improbable!

Túrnate con tu pareja: *A* inventa una combinación y *B* dice probable o improbable.

Ejemplo

A una lata de tomates

B probable...

una botella de pañuelos

¡improbable!

4 Recipientes

Inventa recipientes nuevos.

Ejemplo una tubotella.

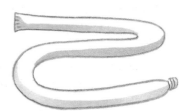

5 ¿Qué desea?

Escucha las conversaciones de arriba. Empareja las preguntas y las respuestas.

Ejemplo ¿Qué tal? Bien.

¿Qué tal?	En total, son (2,46) euros.
¿Qué desea?	Bien.
No, nada más.	Quisiera ...
¿Cuánto es?	¿Algo más?

Artículo	Precio	Artículo	Precio
Naranjas (1 kilo)	1,95€	Sardinas (lata, 80 gr.)	0,75€
Tomates (1 kilo)	1,85€	Mermelada (375 gr.)	1,05€
Huevos (6)	1,20€	Bombones (100 gr.)	2,22€
Pan	0,78€	Vino tinto (de Andalucía)	3,76€
Queso (500 gr.)	4.50€	Limonada (1 litro)	0,60€
Leche (1 litro)	0,66€	Pañuelos de papel	1,59€
Café (250 gr.)	1,68€		

Tomás está preocupado. ¿Por qué?
Escribe ✔ o ✘.

1 Pilar no está muy bien.
2 Pilar va a Madrid el día de su cumpleaños.
3 La tía Carmina está furiosa con Tomás e Isabel.
4 Pilar no puede ir a la fiesta sorpresa.

6 En la tienda

Túrnate con tu pareja. Lee la conversación de arriba. Cambia los productos
y las cantidades y el total en euros e inventa otras conversaciones.

12.5 ¿Cuánto quiere?   12.6 En la tienda de alimentación

12D Quisiera comprar un regalo

You will learn:
- to buy a present
- to say whether it's a little, very or too expensive, large, etc.

Grammar: revision of agreement of adjectives

Un regalo para Pilar ...

¿Una camiseta? ¡Es un poco pequeña!

¡Ojo!, Roberto.

¿Un jersey? Es grande, Pepa.

Es ideal para ti, Roberto.

¿Un reloj? ¡Uf! Es caro.

150€

¿Un póster? Es barato.

Sí, pero no me gusta.

¿Qué desea?

Quisiera comprar un regalo para mi prima.

¿Un compact disc? Son veinte euros. ¿O un videojuego?

Mmm ... es demasiado caro. ¿Tiene algo más barato?

8€

¿Un cinturón? Ocho euros.

Mmm ... es un poco aburrido. ¿Tiene vale-regalos?

Sí.

¡Ideal! Pues, un vale-regalo de quince euros.

Un estéreo personal, ¡Pepa, no!

¡Qué estúpida!

Perdón ...

1 Un regalo para Pilar

Rellena los espacios con la palabra correcta.

Ejemplo **1** El reloj es **caro**.

1 El reloj es ….
2 La camiseta es ….
3 El póster es ….
4 El cinturón es ….
5 El jersey es ….
6 El vale-regalo es ….

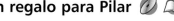

barato
ideal
pequeña
caro
aburrido
grande

Completa las frases con la palabra correcta.

Ejemplo **1** El compact disc es muy **caro**.

El compact disc es muy (…**1**…).
Lo bueno del póster es que es (…**2**…).
El vale-regalo es (…**3**…).
Lo malo es que el jersey es un poco (…**4**…).
La camiseta es demasiado (…**5**…) para Pepa.
El problema con el cinturón es que es (…**6**…).

2 ¿Qué hay en el paquete?

Túrnate con tu pareja:
¿qué hay en el paquete?
A decide lo que hay;
B adivina.

un videojuego.

no.

¡sí!

¿un cinturón?

¿un videojuego?

3 Yo quisiera

◇ Escribe tu lista personal, en orden de preferencia.

♣ Utiliza tu diccionario para encontrar otros regalos, o pregunta a tu profe.

Para mi cumpleaños, quisiera...
un estéreo personal
un jersey
un

> ¿Cómo se dice 'trainers' en español?

> ¿Cómo se escribe?

4 ¿Qué te parece?

¿Ideal o no? Apunta tu opinión.

Ejemplo **1** Es demasiado grande / El problema es que el cinturón es muy grande.

1	**2**	**3**	**4**	**5**	**6**

el póster, el reloj, el cinturón	*es*	*(un poco)*	*pequeño/a, caro/a*	**¡Repaso!**
el videojuego, el jersey		*(muy)*	*barato/a, aburrido/a*	Adjetivos *(m) (f)*
la camiseta		*(demasiado)*	*ideal, grande*	AL 4, página 37

5 En la tienda de recuerdos

Otros regalos populares son la cerámica o el turrón.

O si te gusta el fútbol …

un tarro

un plato

una caja de turrón

una pegatina

una bufanda del Real Betis

◇ Escucha las conversaciones 1–6. Apunta el regalo y cuánto es.

Ejemplo **1** un plato – 50 euros.

♣ Apunta otros detalles.

Ejemplo **1** un plato – 50 euros – muy caro.

 Vale, está bien.

 Lo dejo, gracias.

6 De compras

Túrnate con tu pareja:
A es dependiente;
B es cliente.
Inventa otros diálogos.

A ¿Qué desea?

¿Algo de cerámica? ¿Un plato?

Cincuenta euros.

Sí, ¿Un tarro?

Son veinticinco euros.

B Quisiera comprar un regalo para mi madre.

¿Cuánto es?

¿Tiene algo más barato?

Vale, está bien.

 12.7 ¿Qué prefieres de regalo?

 12.8 Los regalos

12E ¡No lo como nunca!

You will learn:
- to say what you don't eat, and why

Grammar: direct object pronouns

1 ¿Hay algo que no comes?

Escucha las conversaciones acerca de los alimentos 1–5.
En cada una, ¿la persona dice que es vegetariano/a (V), es alérgico/a (A)
o no le gusta el alimento (X)?

1 el trigo   **2** la miel   **3** los mariscos   **4** los productos lácteos   **5** las nueces

2 Los jóvenes

Lee los comentarios. Rellena cada casilla con el nombre de la(s) persona(s) apropiada(s).

	Productos lácteos	Pescados y mariscos	Nueces	Cereales	Carnes
Hay algo de estos grupos de alimentos que no toma	Charo,				

Los jóvenes – sus gustos, antipatías y alergias

Yo soy alérgico a la leche, y al queso. No los como nunca. Tomo leche de soja, que es vegetal, y una margarina especial. **Charo**

Tengo que comer los productos sin gluten, así que no como productos de trigo, harina, etcétera. A veces es difícil. Me gusta el resto de los alimentos normales, menos el queso. **Úrsula**

No tomo los cacahuetes porque soy alérgico. Si los como por accidente, tengo que ir al hospital. Es una alergia muy grave. **Dario**

Me gusta mucho el pescado – ¡lo como todos los días, si puedo! Me encantan las gambas, pero no las como porque soy alérgica. **Nina**

Soy vegetariana. No como carne ni pescado. ¿La leche? Sí, la tomo. ¿Los huevos? Los tomo también. ¿El queso? No, no lo como, ¡porque no me gusta! **Paco**

¿Yo? Como de todo. Los mariscos, los quesos, los cereales .... Y me encantan los platos con carne – ¡pero odio las albóndigas! **Adrián**

3 Los pronombres

Lee otra vez lo que dicen los jóvenes y estudia el cuadro. Rellena el cuadro correctamente.

el pescado / **el** queso	(No)	?	como	(nunca)
la leche / **la** miel		**la**	bebo	
los cacahuetes / **los** huevos		?	tomo	
las nueces / **las** gambas		?		

¿Hay algo que no tomas?	Sí, no tomo / como / bebo ... porque soy alérgico/a, vegetariano/a.
	¡Como de todo! ¡Me gusta todo!

12.9 Los alimentos   **12.10** ¿Comer o no comer?

Acción: lengua

● **Positive commands are instructions or orders to do something. They are formed like this:**

	tú *(informal)*			usted *(formal)*	
	'Tú' form of present tense	*Remove the final -s*		*'Usted' form of the present tense*	*Change endings as follows**
-ar tomar	tomas	**toma**		toma	**tome**
-er comer	comes	**come**		come	**coma**
-ir subir	subes	**sube**		sube	**suba**

*The following have changes in the 'usted' form: coger – coja, cruzar – cruce. *(Gr.22)*

These verbs also change: torcer: (tú) tuerce; (usted) tuerza; seguir: (tú) sigue; (usted) siga. *(Gr.22)*

◊ 1 Are the commands a–f informal (*tú*), or formal (*usted*)?

E.g. **a** usted.

a Suba la calle.
b Tuerce a la derecha.
c Coge la calle de enfrente.
d Tome la segunda a la izquierda.
e Baja la avenida.
f Cruce la plaza.

♣ Change the verbs below into instructions for healthier living.

E.g. **Bebe** menos refrescos.

(**Tú**) *Beber* menos refrescos. *Comer* más fruta. *Estudiar* más. *Escuchar* la radio, en vez de ver la tele. ¡Y *recoger* tu dormitorio!

(**Usted**) *Cenar* temprano, *lavar* los platos en seguida, *planchar* la ropa para mañana, *beber* algo sin alcohol, *leer* el periódico.

● **The words for 'it' and 'them' (direct object pronouns) are as follows:**
(Note that they come before the verb.)

it (m)	**lo**	¿El té? Sí, **lo** bebo.
		*Tea? Yes, I drink **it**.*
them (m)	**los**	¿Los tomates? No **los** como.
		*Tomatoes? I don't eat **them**.*

it (f)	**la**	¿La leche? No **la** bebo.
		*Milk? I don't drink **it**.*
them (f)	**las**	¿Las patatas? Sí, **las** como.
		*Potatoes? Yes, I eat **them**.*

◊ 2 Write *lo, la, los,* or *las* in each gap as appropriate.

E.g. **1** lo.

1 ¿El café? No … bebo nunca.
2 ¿Las fresas? Sí, … como de vez en cuando.
3 ¿La carne? ¡… odio!
4 Los productos lácteos – no … tomo.
5 ¿La tortilla? ¡Puaj! … detesto.
6 Pero el chocolate – ¡sí, … como!

♣ Fill the gaps below with the correct word for 'it' or 'them'.

E.g. **1** lo.

Soy alérgica al trigo. No …**1**… tomo, pero es difícil evitarlo. Los pasteles, no …**2**… como ahora. La harina, claro, no …**3**… puedo comer tampoco. Las salsas, …**4**… evito. Los espaguetis me encantan, pero no …**5**… puedo tomar. Lo peor es el pan – … echo de menos.

13 La salud

13A Me duele ...

You will learn:
- to say you don't feel well and where it hurts
- to name the parts of the body

Grammar: revision of *me*, *te*, *le*, etc.; the verb *doler* (to hurt)

1 No me siento bien

Completa cada frase con la palabra correcta.

Ejemplo **1** me.

1 No … siento muy bien.
2 ¿Qué … pasa?
3 Me duele el …
4 Me duele la …
5 Me duelen los …

cabeza   te   oídos   me   estómago

Contesta verdad o mentira.

Ejemplo **1** verdad.

1 Isabel no está muy bien.
2 Pilar está un poco preocupada por Isabel.
3 Isabel quiere salir con José Luis.
4 Isabel quiere ser amiga de Pilar.
5 Pilar está muy contenta.
6 Isabel quiere ir a la fiesta.

2 El robot no funciona bien

Escucha a la médica y al robot.

¿El robot dice *mucho*, *un poco*, o *no*?

Ejemplo **1** mucho.

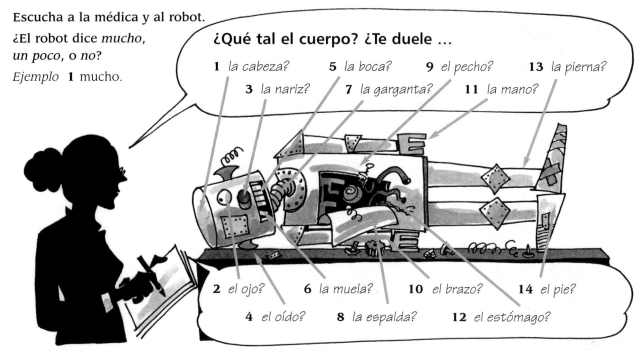

¿Qué tal el cuerpo? ¿Te duele …

1 la cabeza?   **5** la boca?   **9** el pecho?   **13** la pierna?

3 la nariz?   **7** la garganta?   **11** la mano?

2 el ojo?   **6** la muela?   **10** el brazo?   **14** el pie?

4 el oído?   **8** la espalda?   **12** el estómago?

3 ¿Quién habla?

a ◇ Empareja.

Ejemplo **1 c**.

1 Me duelen los brazos.
2 Tengo dolor de oídos.
3 Me duelen los ojos.
4 Tengo dolor de pies.
5 Me duele la espalda.

♣ Escribe una frase para cada dibujo que sobra. Elige entre:

Me duele el … / la…   Me duelen los … / las ….   Tengo dolor de …

b Haz conversaciones con tu pareja. *A* es robot. *B* es médico/a. Utiliza los dibujos **a–h**.

A

Hola, ¿qué tal?

¿Qué te pasa?

¡Qué pena!

B

¡Fatal! No me siento bien.

Me duelen *los pies*. / Tengo dolor de *pies*.

¿Qué te pasa?	No me siento (muy) bien.		me (duele)
Me duele	el (brazo), la (cabeza) *etc.*	Tengo dolor de (cabeza) *etc.*	te (duele)
Me duelen	los (oídos), las (manos) *etc.*	*(act. 2)*	le (duele)

▶▶ Gramática 17

 ◇ ¡Ay!   ♣ Excusas

13B Tengo fiebre ...

You will learn:
● to describe what's the matter with you and ask others

Son las ocho de la mañana en la casa de Blancanieves y los siete enanitos.

¿Qué pasa aquí?

Tengo fiebre.

Tengo tos.

Tengo náuseas.

Tengo un catarro.

Tengo la fiebre del heno.

Tengo una picadura.

Tengo una ampolla.

Bueno, ¡al médico todos!

1 Al médico

a Escucha y lee lo que dicen los enanitos y Blancanieves.

b Escucha la pregunta del médico a cada enanito y mira los dibujos de arriba.
¿Qué va a contestar cada enanito: *sí* o *no*?

Ejemplo Número Dos: sí.

Teresa

¿Qué tal está Isabel?

Le duele la garganta ...

¿Tiene tos?

No, pero le duele el estómago también.

¡Pilar!

¡Tía Teresa!

¿Qué le pasa?

Tiene náuseas ...

y le duele la espalda.

¡Mamá! ¡Rápido, ven!

2 Teresa

Escucha. ¿Quién es – Isabel o Teresa?

Ejemplo **1** Isabel.

1 Le duele el estómago.
2 Le duele la cabeza.
3 Le duele la espalda.
4 Le duele la garganta.
5 Tiene náuseas.

Pilar corre al dormitorio de Isabel. ¿Qué le dice? Copia y completa el globo.

> ¡Isabel, …! Tu mamá no … muy bien. … náuseas y le duele el …. Dice que le … la espalda y la … también. ¡Creo que es el …!

| duelen | está | bebé | tiene | cabeza | estómago | ven |

3 El equipo de fútbol

El mánager habla con el equipo. Aquí está su lista de problemas. Con tu pareja, inventa una conversación con los enanitos.

MÁNAGER	¿Qué tal, número <u>uno</u>?
NÚMERO UNO	No me siento bien.
MÁNAGER	¿Qué te pasa?
NÚMERO UNO	<u>Me duele la cabeza.</u>
MÁNAGER	Mmm. ¿Algo más?
NÚMERO UNO	Sí. <u>Tengo fiebre</u> también.

Problemas

1 la cabeza, fiebre
2 la rodilla, una ampolla
3 las manos, una picadura
4 la nariz, un catarro
5 el ojo, la fiebre del heno
6 los pies, náuseas

4 ¿Qué le pasa?

Escribe un memo explicando por qué cada enanito no puede trabajar hoy.

Ejemplo

> MEMO
> De: Dr. Gutiérrez
> A: Director de las Minas
> Lo siento mucho, pero el enanito Número <u>Uno</u> no puede trabajar hoy. Le <u>duele la cabeza</u> y tiene <u>fiebre</u>.

| Tengo / tienes / tiene | fiebre, tos, náuseas, un catarro, la fiebre del heno *etc. (act. 1)* |

13.3 ¡Qué mal me siento! **13.4** En las minas

Debes ...

You will learn:
- to ask what you have to do and tell others
- to make suggestions

Grammar: verb *deber* (to have to)

Mamá, debes tomar una aspirina y un poco de agua.

¿Me dejas?

¡Ay! Debes ponerte una crema, tía Teresa.

No, es que yo ... debo llamar a Michael en Londres.

Tú debes descansar.

¿No debes llamar al médico?

¡Pero yo soy médica!

¡Ay perdón, es verdad!

Teresa debe ir al hospital. Pilar, llama a una ambulancia.

¡Pero yo quiero ir al hospital con Mamá!

No, Isabel, no estás bien.

Pilar, llama a tu tío, por favor: debe venir aquí a Sevilla.

Vale ...

1 La emergencia

Empareja el texto con el dibujo.

Ejemplo **1 d**.

¿Debo ...

1 tomar una aspirina?

2 llamar al médico?

3 ponerme una crema?

4 ir al hospital?

5 tomar un poco de agua?

6 descansar?

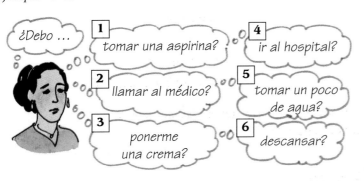

a

b

c

d

e

f

♣ **¿Qué piensan?** Completa cada frase **1–6** con *debo, debes* o *debe*.

ISABEL   Yo (**...1...**) llamar a Papá en Londres.

JOSÉ LUIS   Y yo (**...2...**) consolar a Isabel – está muy triste.

TERESA   Lo siento, Isabel, pero tú no (**...3...**) venir al hospital – no estás bien.

CARMINA   Tú (**...4...**) ir al hospital, Teresa.

PILAR   Isabel no está bien: (**...5...**) descansar.

TOMÁS   Papá (**...6...**) venir aquí a España para estar con Mamá.

2   Si no se mejora ...

Escucha a Carmina con sus pacientes jóvenes: **Amalia, Bernardo, Celia, David y Eulalia.**

◆ **¿Qué debe hacer cada persona?**

Elige el número del dibujo **(1–6)**.

Ejemplo   Amalia **2**.

♣ **¿Qué le pasa exactamente?**

Ejemplo   Amalia tiene fiebre.

1   ... ir al dentista.

2   ... ir a la cama.

3   ... ponerte una tirita.

4   ... tomar un jarabe.

5   ... tomar un antibiótico.

6   ... tomar unas pastillas.

3   En la enfermería

Túrnate con tu pareja. Haz seis conversaciones. **A** es enfermero/a, **B** es alumno/a.

A

¿Qué te pasa?

¿Desde hace cuánto tiempo?

Debes ....**3**..............

Debes ir ....**4**..............

B

..............**1**..............

..............**2**..............

¿Y si no se mejora?

Vale, gracias.

| Me duele | la cabeza / garganta |
| Tengo | tos, náuseas, fiebre, un catarro |

tomar	unas aspirinas
	unas pastillas
	un jarabe

| Desde ayer |
| Desde esta mañana |
| Desde hace dos días |

| al médico |
| al dentista |
| a la farmacia |
| a la cama y descansar |

| Debo, debes, debe | ir (al dentista), tomar (una aspirina), descansar, llamar al médico ponerme / ponerte / ponerle (una crema) |

▶▶ **Gramática 23, AL 13**   13.5   ¿Qué debo hacer?

You will learn:
● to say what you or others ought to do to be / stay healthy
Grammar: Revision of *hay que* (Unidad 10A) and *tener que* (Unidad 10B)

No me siento muy bien.

¡Debes beber menos refrescos!

¡Debes comer menos chocolate!

Y debes hacer más ejercicio físico ...

¡Y tú no eres mi padre!

1 **Tomás y Omar**

a Escucha y lee la historia de Omar y Tomás.

b Estudia los dibujos **1–6**. Escribe los números de las recomendaciones de Omar.

1  2  3  4  5  6

2 **¿Qué debes hacer?**

Escucha. Cada selección de la radio trata de uno de los temas **A–C**. Escribe la letra apropiada.

Ejemplo **1 B**.

A el ejercicio físico
B lo que debes beber
C lo que debes comer

3 **Receta para una vida más sana**

Escribe un anuncio. Debe contener seis recomendaciones para una vida sana. Utiliza el cuadro de abajo.

● Debes comer fruta y verduras todos los días.
● Tienes que comer menos azúcar y grasas.
● Hay que hacer más deporte – 30 minutos al día.

Debes	comer	(más)	fruta, verduras, carne blanca, pescado, productos lácteos, azúcar, bombones
Tienes que	tomar	(menos)	grasas, chocolate, carne roja
Hay que	beber		agua, té, café, refrescos, zumos de fruta
	hacer		deporte, ejercicio físico, gimnasia, yoga
	ir		al dentista, al polideportivo, al gimnasio, a la piscina

▶ Gramática 23, AL 13

| una vez al día | dos veces a la semana | todos los días | con regularidad |
| *once a day* | *twice a week* | *every day* | *regularly* |

13.6 ¿Buena idea o mala idea?   13.7 ◆ Para una buena salud   13.8 ◆ ¿Qué debo hacer?

13 Acción: lengua Verbs of obligation: 'must' / 'have to' / 'ought to'

- **Deber** *is a regular* **-er** *verb meaning 'to have to', 'ought to', 'must'.*

(yo)	debo	*I must*
(tú)	debes	*you must (informal)*
(él)	debe	*he must*
(ella)	debe	*she must*
(usted)	debe	*you must (formal)*

(nosotros)	debemos	*we must*
(vosotros)	debéis	*you must (informal)*
(ellos)	deben	*they must*
(ellas)	deben	*they must*
(ustedes)	deben	*you must (formal)*

Deber *can also mean 'to owe'.*
E.g. ¿Cuánto le debo? *How much do I owe you?*

Debo comer menos grasas.	*I ought to eat less fat.*
Debes beber más agua.	*You must drink more water.*
Paco debe ir a clase.	*Paco has to go to class.*

- **Hay que** *(one has to / you have to) and* **tener que** *(to have to) also express a similar idea.*

(See Acción: lengua 3 for the verb tener.*)*

Hay que hacer los deberes.	*One has to / You have to do homework.*
Tengo que hacer mis deberes.	*I have to do my homework.*
Debo hacer mis deberes.	*I ought to / must do my homework.*

◆ **Choose the correct part of the verb** *deber* **to fit in each gap:**

E.g. **1** debo.

¿Qué ...**1**... yo hacer para una vida sana?
¡Ni idea! Mi madre dice: 'Nuria, ...**2**... comer menos chocolate.'
¡Pero ella ...**3**... preparar menos pasteles! Es verdad que nosotros ...**4**... beber menos café. Pero mis padres ...**5**... comprar más zumos, o café descafeinado.

♣ **Replace the underlined verbs with the verbs in italics to make new sentences. Translate them into English.**

E.g. **1** Debes llegar a clase a tiempo.
  You ought to get to class on time.

1 <u>Tienes que</u> llegar a clase a tiempo. *(deber)*
2 <u>Debes</u> escuchar a los profesores. *(hay que)*
3 <u>Hay que</u> comer en la cantina hoy. *(tener que)*
4 <u>Hay que</u> hacer deporte cada día. *(deber)*
5 <u>Deben</u> beber refrescos sin azúcar. *(hay que)*
6 <u>Tenemos que</u> ir al polideportivo. *(deber)*

- **Todo** *means 'all' / 'every' / 'the whole'. It is an adjective, and therefore its ending changes according to the noun it describes.*

(See Acción: lengua 4 – adjectives.)

tod**o** el tiempo *(m)*	*all the time*	tod**os** los días *(m)(pl)*	*every day*
tod**a** la mañana *(f)*	*the whole morning*	tod**as** las chicas *(f)(pl)*	*all the girls*

Cada *means 'each' / 'every'. It never changes:* **cada día** *(every day),* **cada semana** *(each week).*

14 ¿Qué hiciste?

14A ¿Adónde fuiste?

You will learn:
● to say where you went, how, and with whom
● to say when, and how long for
Grammar: the preterite tense of the verb *ir*

Problemas para Tomás con su tutor y Omar ...

¿Adónde fuiste el viernes?
Fui al centro.
¿Cuándo fuiste?
A las nueve.

¿Cómo fuiste?
En autobús.
¿Por cuánto tiempo fuiste?
Tres horas.

¿Con quién fuiste?
Fui solo.
¿Y por la tarde?
Me quedé en casa.

1 En el despacho del tutor

Escucha y lee lo que pasa. Reemplaza los números **1–5** con la palabra correcta.

Ejemplo **1** adónde.

¿...**1**... fuiste el viernes pasado?
¿Con ...**2**... fuiste?
¿...**3**... fuiste – en autobús?
¿Por ...**4**... tiempo fuiste?
¿...**5**... fuiste?

cómo	cuándo
adónde	cuánto
quién	

¡Acentos!
Las palabras interrogativas llevan acento:
● ¿**Có**mo te llamas?
● ¿**Cuán**tos años tienes?

2 ¿Cuándo?, ¿cuánto tiempo?, ¿con quién?

Empareja las preguntas y las respuestas posibles. ¡Tienes cinco minutos!

Ejemplo **1 d** ...

1 ¿Cuándo fuiste?
  a Fui con amigos.
  b Por quince días.
  c Con la amiga de mi familia.

2 ¿Por cuánto tiempo fuiste?
  d Fui en verano.
  e Con mis padres.
  f Fui por cinco días.

3 ¿Con quién fuiste?
  g Por una semana.
  h Fui con mi familia.
  i Fui en agosto.

 14.1 Los países y el transporte

3 ¿Adónde fuiste de vacaciones?

a Escucha. Para cada conversación 1–8, apunta el nombre más apropiado.

Ejemplo **1** Lali.

Débora   Lali   Swemi

7 días   5 días   15 días

b Haz tres conversaciones con tu pareja. Utiliza las preguntas 1–6 y los dibujos de arriba.

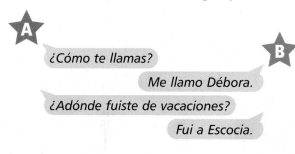

A ¿Cómo te llamas?

B

Me llamo Débora.

¿Adónde fuiste de vacaciones?

Fui a Escocia.

1 ¿Cómo te llamas?
2 ¿Adónde fuiste de vacaciones?
3 ¿Cuándo fuiste?
4 ¿Por cuánto tiempo fuiste?
5 ¿Cómo fuiste?
6 ¿Con quién fuiste?

4 Dime

a Con respeto a las vacaciones de Débora, ¿cada frase 1–6 es verdad o mentira?

1 Fui de vacaciones a Escocia.   3 Fui por una semana.   5 Fui con mi hermana.

2 Fui en autocar.   4 Fui con mi padre.   6 Fui en el mes de marzo.

b Lali describe sus vacaciones. Elige la palabra correcta para cada espacio.

Me ...**1**... Lali, y ...**2**... de vacaciones a Italia en el mes de ...**3**... Fui en ...**4**... con mi ...**5**... y mi hermana. Fui por ...**6**... días en total.	autocar agosto llamo madre fui cinco

c Eres Swemi. Escribe un párrafo sobre tus vacaciones, como ha hecho Lali.

¿Adónde fuiste?	Fui a (España, Italia ...). Me quedé en casa.	(yo)	fui
¿Cuándo fuiste?	Fui en (el mes de) agosto.	(tú)	fuiste
¿Cómo fuiste?	Fui en (avión, autocar, coche, tren)	(él)	fue
¿Por cuánto tiempo fuiste?	Fui por quince días, una semana, (cinco) días	(ella)	fue
¿Con quién fuiste?	Fui con mi madre, padre, familia, amigo/a	(usted	fue

▶▶ Gramática 21, AL 13

┌14.2┐ De vacaciones   ┌14.3┐ Mis viajes

You will learn:
● to describe some of the things you did on holiday or at the weekend
Grammar: preterite tense of regular –er / –ir verbs.

¿Qué hiciste, exactamente, Tomás?

1 Salí a las diez.

2 Di una vuelta por el centro.

3 Comí algo en una cafetería, y bebí un refresco. Conocí a una chica inglesa.

4 Leí una revista, escribí una postal a mi padre.

5 Luego, vi una película en el cine.

6 Después, cogí el autobús y volví a casa.

1 El día de Tomás

Escucha y lee lo que dice Tomás. Elige la palabra correcta.

1 (Salí / Di) del instituto a las diez.
2 En el centro (volví / di) una vuelta.
3 Fui al cine y (vi / comí) una película.

4 En El Corte Inglés, (bebí / comí) un refresco.
5 También, (comí / conocí) a una chica inglesa.
6 (Leí / Escribí) una postal a mi padre.

2 Una multitud de posibilidades 14.4

a Escribe 10 frases: unas posibles, otras imposibles.

Ejemplo Vi la tele. *(Posible)* Comí el autobús. *(Imposible)*

b Túrnate con tu pareja. *A* lee sus frases;
B dice 'posible' o 'imposible'.

A

Vi la tele.

B

¡Posible!

Comí el autobús.

¡Imposible!

Comí	una postal	a casa a las cuatro
Bebí	el autobús	una vuelta en bici
Salí	la tele	una hamburguesa
Di	un libro	un perrito caliente
Vi	el tren	un grupo de jóvenes
Leí	una carta	del instituto a la una
Escribí	a un chico	una vuelta a pie
Cogí	un té	a una chica
Volví	una revista	una naranjada
Conocí	una película	al instituto tarde

3 ¿Qué tal el fin de semana?

Escucha lo que dicen los jóvenes **1–5**.
Apunta ☺ o ☹.

Ejemplo **1** ☹.

> ☹ me aburrí (un poco / bastante)
>
> ☺ me divertí (mucho)

Apunta también una actividad que hizo
cada persona.

Ejemplo **1** ☹, vi una película.

4 Las vacaciones de Kiko

Lee la historia de Kiko y el mapa de su viaje.
Pon los fragmentos en el orden correcto.

Ejemplo **6** ...

1 Di una vuelta por la capital de Francia y vi los
monumentos famosos.

2 Bebí un poco de vino y comí los restos de un
bocadillo.

3 Me aburrí un poco en el avión.

4 Conocí a una chica francesa en la playa y
me divertí mucho.

5 Cogí el barco por la tarde.

6 Salí de Tarragona a las nueve.

7 Volví a Londres tarde – ¡muy cansado!

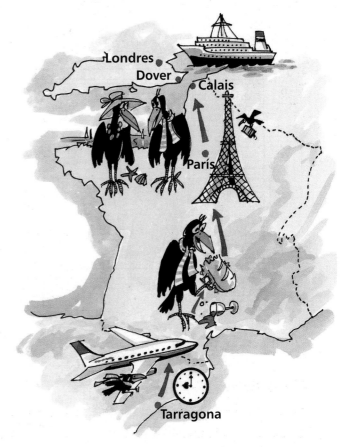

5 La amiga de Kiko pregunta

Mira el cuadro, cópialo y complétalo.

Rellena las preguntas **1–6** de la amiga de Kiko con
el verbo apropiado del cuadro.

¿Qué ...**1**... en Francia? ¿Tortilla? ¿Pan?

¿ ...**2**... algo típico de allí – un vino o champán?

¡A que ...**3**... muchas postales a tus amigos!

¿ ...**4**... algo? ¿Una revista o un tebeo?

¿ ...**5**... a una chica francesa?

¿ ...**6**... mucho en la playa? ¡Qué bien!

> ¿Qué hiciste?   Salí ..., cogí... (*act. 2*)   Me aburrí / Me divertí

yo	tú
di	diste
vi	viste
salí	saliste
cogí	cog_
comí	com_
bebí	beb_
escribí	escrib_
leí	le_
volví	volv_
me aburrí	te aburr_
me divertí	te divert_

14.5 De viaje

▶ Gramática 20, AL 14

14C ¿Qué tal lo pasaste?

You will learn:
- to talk about further holiday activities
- to use time phrases ('yesterday', etc.)

Grammar: preterite tense of -ar verbs.

a

martes 1

el martes pasado

> Tomé el sol en la playa – ¡pero con el jersey puesto!

b

miércoles 2

el miércoles pasado

> Nadé en la piscina climatizada.

c

jueves 3

BICIS €5 la hora

el jueves pasado

> Alquilé una bici.

d

viernes 4

hace cinco días

> Bailé en la discoteca por la noche.

e

sábado 5 / domingo 6

el fin de semana pasado

> Visité un pueblo pesquero.

f

lunes 7

anteayer

> Cené en un restaurante con la familia.

g

martes 8

ayer

> Monté a caballo.

h

miércoles 9

hoy

> Compré recuerdos. ¡Lo pasé bomba!

1 La agenda de Isabel

a Isabel lee su agenda de las vacaciones. Escucha.

b Escucha a Isabel y a Pilar. ¿Qué opina Pilar de cada día?

Ejemplo Día 1 ✓. Lo pasé muy bien ✓

Lo pasé bomba ✓✓

Lo pasé fatal ✗

2 Tomás y el estéreo personal

a Escucha la entrevista. Para cada espacio **A–F**, elige el verbo correcto **1–6** del cuadro.

Ejemplo **A 6**.

OMAR No dices toda la verdad, Tomás.
TUTOR ...**A**... El Corte Inglés, ¿no?
TOMÁS Ah, sí. ...**B**... El Corte Inglés por la mañana.
TUTOR Tomás, ¿qué ...**C**...?
TOMÁS ...**D**... un regalo para Pilar.
OMAR ¿Es todo?
TOMÁS Sí. ¿Por qué?
TUTOR Según Roberto, ...**E**... un estéreo personal.
TOMÁS ¡No es verdad! ¡Yo no ...**F**... nada!

b Copia el cuadro y completa los verbos.

Yo	Tú
1 compré	**4** compraste
2 robé	**5** robaste
3 visité	**6** visitaste
tomé	tom_
nadé	nad_
bailé	bail_
visité	vist_
cené	cen_
monté	mont_

 Gramática 20, AL 14

3 ¡Qué curioso eres!

a Apunta los verbos apropiados para cada pregunta y respuesta.

Ejemplo **1** ¿Nadaste en la piscina del hotel? No, nadé en el mar.

A Preguntas
¿...**1**... en la piscina del hotel?
¿...**2**... el sol en la playa?
¿...**3**... algún pueblo pesquero?
¿...**4**... a caballo?
¿...**5**... en un restaurante?
¿...**6**... una bici?
¿...**7**... en la discoteca del hotel?
¿...**8**... algún recuerdo?

B Respuestas
✗, ... en el mar.
✗, ... el sol en la piscina.
✗, ... los pueblos típicos de la sierra.
✓, ... a caballo en la finca de unos amigos.
✗, ... en casa con la familia.
✓, ... un tándem con mi hermana.
✗, ... en un club de noche hasta muy tarde.
✓, ... regalos para mis amigas en el mercado.

b Trabaja con tu pareja. *A* hace las preguntas de arriba, y *B* da las respuestas.

◆ ¡Intenta no usar tus apuntes! ♣ Sustituye otros detalles y expresiones, si quieres.

A *¿Nadaste en la piscina del hotel?* **B**

No, nadé en el mar.

A *¿Nadaste en la piscina del hotel?* **B**

No. Fui al polideportivo, y nadé en la piscina allí.

¿Qué tal lo pasaste?	Lo pasé muy bien / bomba / fatal.	Tomé el sol ..., nadé ... *(act. 1)*

14.6 ¡Lo pasé bomba! **14.7** Lo que hice ... **14.8** Una postal **14.9** El fin de semana

14D ¿Qué hizo?

You will learn:
- to say what someone else did, or didn't do

Grammar: preterite tense of -ar, -er, -ir verbs (*él, ella, usted*)

1

16:00
¡Omar! ¿Sabes dónde está Tomás? No volvió del instituto para comer a las tres como es normal. Estoy muy preocupada. *Carmina*

2

FAX de:
Omar Álvaro Vallejas (17:30)
Carmina, vi a Tomás esta mañana con su tutor. Según un alumno, Tomás robó un estéreo personal en El Corte Inglés. Tomás insistió que no es verdad. Después, volvió a clase.
Omar

3

18:30
Omar – más noticias. La señora de enfrente vio a Tomás. Volvió a casa a las once, cogió su mochila, y salió casi en seguida. *Carmina*

4

19:35
Tía Carmina, ¡urgente! Mi amigo José vio a Tomás – ¡en el autobús que va al aeropuerto! *Isabel*

5

FAX de Iberia, Aeropuerto de Sevilla (20:10)
Confirmación: Venta de billete de avión a Tomás Willoughby a las 14:45. Vuelo IB 562 Sevilla–Londres (Heathrow). Salida a las 16:00 horas.

1 ¿Dónde está Tomás?

Escucha y lee. Para cada mensaje o fax, elige el dibujo más apropiado.

| A | B | C | D | E |

Escucha y lee los mensajes. Elige el verbo correcto para cada espacio.

Ejemplo 10:00 robó.

10:00	Entrevista con el tutor: según el tutor, Tomás … un estéreo personal.	cogió
10:30	Parece que Tomás no … a clase, pero fue a casa.	compró
11:00	Tomás llegó a casa, … su mochila, y salió otra vez.	salió
13:30	Un amigo de Isabel … a Tomás en el autobús.	vio
14:45	En el aeropuerto, Tomás … un billete de avión.	volvió
16:00	El vuelo IB 562 … para Londres.	robó

2 El viaje de Tomás

¿Cómo imaginas el viaje de Tomás? Utiliza los apuntes para escribir un párrafo.

Ejemplo El avión salió a las 16:00.

- Avión / salir / 16:00
- Tomás / comer / bocadillo + pastel
- Beber / café con leche
- Después / leer una revista / y escuchar música
- Tomás / conocer / chica inglesa a su lado
- 18.15h / avión / llegar / Londres.

		él, ella, usted
-ar	*comprar*	compr**ó**
-er	*comer*	comi**ó**
-ir	*salir*	sali**ó**
	(leer)	*(ley**ó**)*

 **Gramática 20, 21, AL 14**

14 Acción: lengua

● **The preterite tense indicates what happened in the past.**

Compré un regalo para mi madre.	*I **bought** a present for my mother.*
Comí un bocadillo de queso.	*I **ate** a cheese sandwich.*
Salí temprano a las seis de la mañana.	*I **went out** / **left** early at six in the morning.*

	–ar	–er	–ir
	comprar	coger	salir
	(to buy)	*(to take)*	*(to go out)*
(yo)	compré	cogí	salí
(tú)	compraste	cogiste	saliste
(él, ella, usted)	compró	cogió	salió

Irregular verbs		
ir[1]	dar[2]	hacer
(to go)	*(to give)*	*(to do/make)*
fui	di	hice
fuiste	diste	hiciste
fue	dio	hizo

[1] *The verb ir (to go) has the same forms in the preterite tense as ser (to be). (Gr.21)*
[2] *Like the verb* dar *(to give), the verb ver (to see) has no accents:* vi, viste, vio, vimos, visteis, vieron. *(Gr.21)*

1 ◆ Write the 'yo' form of the preterite.

E.g. **1 Cogí** el metro …

1 … el metro, y … el centro. *(coger, visitar)*
2 Allí … un CD en El Corte Inglés. *(comprar)*
3 Cuando …, … a la pizzería. *(salir, ir)*
4 Yo … una pizza enorme. *(comer)*
5 Por la noche, … un vídeo en casa. *(ver)*

♣ Put the underlined verbs into the preterite tense.

E.g. **Fui** a un camping con mi amiga, Ana.

Voy a un camping con mi amiga, Ana. Monto a caballo o hago piragüismo en el río, pero Ana toma el sol y nada en la piscina. A veces, salgo a la discoteca. El mercado es muy bonito – Ana compra muchos regalos allí.

● **Note the spelling changes for the verbs leer, jugar, practicar, sacar *and* llegar: el / ella / usted leyó; yo jugué; yo practiqué; yo saqué; yo llegué.**

2 ◆ Choose the correct verb from the alternatives in brackets.

E.g. ¿**Jugaste** al fútbol en la playa?

ANA ¿(Jugaste / jugué) al fútbol en la playa?
EMI ¡Ni hablar! (Tomé / Tomaste) el sol.
ANA ¿(Sacaste / Saqué) muchas fotos?
EMI ¡Sí! Y (leí / leyó) muchas revistas.
ANA Y tu amiga, ¿qué tal lo (pasé / pasó)?
EMI Bien. Ella (practiqué / practicó) la vela.

♣ Select the correct verb for each gap and put it in the preterite.

E.g. **1** fue.

¡El viaje …**1**… terrible! El jueves yo …**2**… los billetes. Mi madre no …**3**… bien el horario – …**4**… temprano a la estación el viernes, pero el tren no …**5**… hasta las diez de la noche!

sacar   leer   salir   llegar   ser

3 ♣ Lee le poema y escribe la parte correcta del verbo en el pretérito.

A mi novia

Yo (salir) una noche contigo,
En el bar tu (conocer) a mi amigo.
Él (comprar) champán para ti,
Tú no (comprar) nada para mí.

Nosotros tres (cenar) en Reus,
Vosotros dos (coger) el autobús,
Tú y mi amigo (ir) juntos al baile,
¿Y yo? Me quedé solo en la calle …

15 ¡Bienvenidos!

15A ¿Dé qué nacionalidad eres?

You will learn:
- to say what country you're from
- to say what nationality you are, and to ask others

Grammar: revision of agreement of adjectives

¿Tú eres la hermana de Tomás?

Sí.

¿De qué nacionalidad eres?

Yo soy británica. Nací en Inglaterra, como Tomás.

El padre de Tomás e Isabel es inglés ...

... pero mi madre es española.

El pobre Tomás – ¿dónde está?

1 La policía

Escucha y lee lo que pasa. Contesta a las preguntas **1–6**: ¿verdad, mentira, o no se sabe?

Ejemplo **1** verdad.

1 Isabel es la hermana de Tomás.

2 Tomás es español.

3 La madre de Tomás es británica.

4 Omar es inglés.

5 Tomás está con su padre en Gran Bretaña.

6 Pilar está preocupada.

2 Las nacionalidades 15.1

Copia el cuadro y rellena correctamente las columnas tituladas 'Nacionalidad'.
Utiliza tu diccionario. ¿Problemas con la forma femenina? Ver AL 4, página 37.

País	Nacionalidad (m)/(f)	País	Nacionalidad (m)/(f)
España	español / española	Gran Bretaña	británico / británica
Escocia	escocés / escocesa	India	....
Gales	....	Italia	....
Inglaterra	....	Estados Unidos	....
Irlanda del Norte	....	América del Sur	....
Francia	....	Alemania	....
Portugal	....	Marruecos	marroquí / marroquí
Canadá	canadiense	Paquistán	paquistaní / paquistaní

3 ¿De dónde es?

a Escucha a Azahar, Catarina, David, Hugo, Peter, Ismael y Julio. Elige la nacionalidad correcta para cada persona.

Ejemplo Azahar MA.

(F)   (GB)   (E)   (IND)   (MA)   (D)   (P)   (I)

b Después de corregir las respuestas, escribe tres frases para cada persona.

Ejemplo Me llamo **Azahar**. Soy de **Marruecos**. Soy **marroquí**.

4 Los jóvenes

a Estudia las fotos y la información. ¿Quién habla en las frases 1–6?

Ejemplo **1** Guillermo.

1 Mi familia es de España pero yo soy colombiano. Vivo en la capital.
2 Mi madre es española pero mi padre es marroquí.
3 Nací en Estados Unidos pero mi familia es de México.
4 Mi padre es paquistaní y mi madre es inglesa.
5 Yo nací aquí en España y soy española. Vivo en el sur del país.
6 Mi familia es de Paquistán, pero yo soy británico.

NOMBRE:	Zeneida	Guillermo	Kamal	Laura
APELLIDO(S):	Vela Ramírez	Rufo Pedrero	Wasim Khan	Sánchez Donaire
DOMICILIO:	Málaga (España)	Bogotá (Colombia)	Madrid (España)	(México)
NACIONALIDAD:	española	colombiano	británico	norteamericana
ORIGEN (PADRES)	Marruecos / España	España / Colombia	Paquistán / Inglaterra	México

b Con tu pareja, haz cuatro conversaciones. Utiliza la información de arriba y las preguntas 1–4.

1 ¿Cómo te llamas? — Me llamo **Zeneida**.
2 ¿Dónde vives? — Vivo en **Málaga**, en **España**.
3 ¿De qué nacionalidad eres? — Soy **española** / Nací en **España**.
4 ¿Y tus padres? — Mi familia es de **Marruecos** y **España**.

> ¿De qué nacionalidad eres? | Soy (español/a). Soy de (España) / Nací en (España).
> Mi (padre) es (francés). Mi (familia) es de (Paquistán).

15B ¡Encantado!

You will learn:
- to make formal and informal introductions
- to invite someone to eat and drink

Grammar: indirect object pronouns; the personal *a*.

¡Señor Gómez!

Buenas tardes.

Pase, pase ...

¿Conoce usted a mi mujer, Carmina?

No, no la conozco.

Señor Gómez – le presento a mi mujer, Carmina.

Encantada.

Igualmente.

Siéntese aquí.

¿Qué quiere tomar? ¿Un café?

Sí, con mucho gusto.

¿Quiere comer algo?

Para mí, nada, gracias.

Roberto ... El Corte Inglés ... robo ... no es verdad ...

¡Tomás es inocente!

1 El invitado

Escucha y lee lo que pasa. ¿Cada frase 1–6 dice la verdad o es mentira?

Ejemplo **1** mentira.

1 El señor Gómez es el padre de Tomás.
2 Omar conoce al señor Gómez.
3 El señor Gómez conoce a Carmina.
4 El señor Gómez quiere beber algo frío.
5 El señor Gómez quiere algo de comer.
6 Isabel está contenta de ver al señor Gómez.

Corrige las frases que son mentira.

Ejemplo **1** El Sr. Gómez es el **tutor** de Tomás.

| Objetos | Veo la tele. / Conozco la ciudad. |
| Personas | Veo **a** Juan. / Conozco **a** Juan. |

Gramática 24, AL 14

2 La expedición

Escucha. Dos jóvenes estudian la lista de participantes.

◇ ¿Conocen los dos jóvenes a cada participante? Escribe ✓ o ✗.

Ejemplo **1** ✗.

♣ ¿Los nombres son de chico *(m)* o de chica *(f)*?

Ejemplo **1** *(m)*.

Grupo A			
1	Adiel	**6**	Itxero
2	Erandi	**7**	Jahil
3	Lloys	**8**	Kepa
4	Raymi	**9**	Zafiro
5	Fiorel	**10**	Sarli

(m) ¿Conoces a (Juan)? Sí, **le** conozco.	*(f)* ¿Conoces a (Ana)? Sí **la** conozco.

▶ Gramática 16, AL 14

3 Pilar, Elena y Juan

Escucha y lee. Raquel visita a Pilar. Escribe los números de las expresiones que oyes.

Ejemplo **2**, …

PILAR	¡Raquel! ¡Pasa, pasa!
RAQUEL	*Buenos días*[1]. / *Buenas tardes*[2]. / *Hola*[3].
PILAR	¿Conoces a mi hermano, Juan?
RAQUEL	No, *no le conozco*[4] / *no la conozco*[5].
PILAR	Bueno, Juan, te presento a Raquel.
RAQUEL	Hola, Juan.
JUAN	*Encantado*[6] / *encantada*[7]. Siéntate aquí.
PILAR	¿Qué quieres tomar? ¿Un café?
RAQUEL	*Un café con leche*[8] / *un café solo*[9] por favor.
JUAN	¿Quieres comer algo? ¿Un pastelito? ¿Una galleta?
RAQUEL	*Un pastelito*[10] / *una galleta*[11], gracias.

4 Te toca a ti

◇ Trabaja en un grupo de tres.
Adapta la conversación de la actividad 3.

♣ Inventa otra escena, con adultos y jóvenes.
¡Cuidado con *tú* y *usted*!

Nombres	Bebidas	Comida
Paco	un café	cacahuetes
Julio	un zumo	un pastelito
Ana	una limonada	patatas fritas
Bárbara	una naranjada	una galleta

Usted	Pase. Siéntese. Le presento.	¿Quiere tomar algo?	¿Qué quiere tomar?
Tú	Pasa. Siéntate. Te presento.	¿Quieres tomar algo?	¿Qué quieres tomar?
Encantado/a.	Igualmente.	Con mucho gusto.	Me gustaría … *(etc.)* Para mí, nada.

15.2 ¡Hola!

Agradecimientos y disculpas

You will learn:
- to use exclamations
- to apologise to, thank, and congratulate others

1 Las exclamaciones

a Lee las exclamaciones. ¿Son positivas o negativas?

Ejemplo **1** positiva.

1 ¡Qué amable!	**5** ¡Qué susto!	**9** ¡Qué pena!
2 ¡Qué bien!	**6** ¡Qué rollo!	**10** ¡Qué asco!
3 ¡Qué horror!	**7** ¡Qué disgusto!	**11** ¡Qué suerte!
4 ¡Qué sorpresa!	**8** ¡Qué ilusión!	**12** ¡Y qué!

b Escucha a los jóvenes. ¿Tienes razón?

2 Llegadas

Escucha y lee. Haz listas de:

	Disculpas	Exclamaciones
Ejemplo	Perdón	¡Qué bien!

Elige la palabra correcta en cada frase.

1 Teresa tiene un hijo / una hija / una hermana.
2 Isabel está decepcionada / preocupada / ilusionada.
3 A Pilar le gustaría tener un hermano / una hermana / un bebé.
4 Carmina está contenta / triste / deprimida.
5 Omar da las gracias / felicita / pide perdón a Tomás.

3 Muchísímas gracias 15.3

a Lee la carta de Pilar a su prima Maite.

Reemplaza cada dibujo por la palabra apropiada del cuadro. Cuidado – sobra uno.

Ejemplo Muchas gracias por la **tarjeta** ...

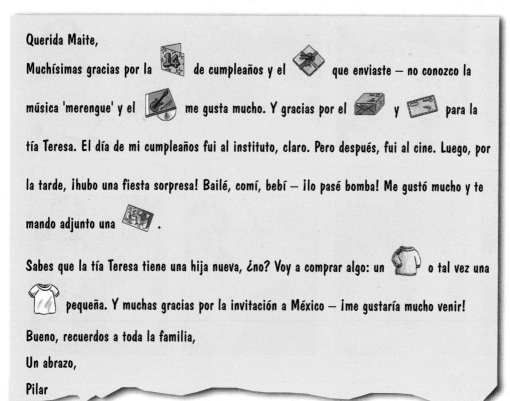

camiseta

carta

CD

jersey

regalo

paquete

foto

cinturón

tarjeta

b Tu amigo/a español/a te manda una carta, un regalo, y una invitación para ir a España. Escribe una respuesta. Utiliza la carta de Pilar como modelo.

Perdón. Lo siento mucho. Te / le pido perdón (por lo de ...)	Es igual. No importa.
(Muchas / muchísimas) gracias por (enviar ...)(el regalo)	No hay de qué.

15.4 ¡Qué bien!

En el hospital

¡Michael!

Hola, Teresa ...

¿Qué te parece tu hija?

¡Qué guapa es!

Tía Teresa – una carta para ti.

De México.

Oye, Tomás, ¿me dejas la carta, por favor?

Mira, una tarjeta de mi hermana.

¡Qué bonita!

¡Qué sorpresa! ¡Una invitación a la boda de Amaya y Martín!

México, ¡qué ilusión!

¡Qué suerte!

¿Amaya y Martín?

Amaya es la hija de mi hermana. Tiene veinte años ...

¿Y el futuro?

¿Te gustaría ir a México, Tomás?

¿Vienes tú, Papá?

Bueno, no lo sé.

Es que depende ...

1 **La invitación**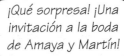

◆ **¿Las frases 1–6 son verdad, mentira, o no se sabe?**

1 Miguel está contento de ver a su hija.

2 La tarjeta es de la hija de Teresa.

3 Hay también una invitación a un bautizo.

4 A Tomás le gustaría mucho ir a México.

5 Amaya y Martín tienen veinte años.

6 Toda la familia va a ir a México.

♣ Corrige las frases falsas.

- **The words for 'him'/'her' and 'them' (direct object pronouns) are as follows:**

him	le	¿Jorge? Sí, **le** conozco.	them (m)	les	¿Los chicos ingleses? Sí, **les** vi.
		*¿Jorge? Yes, I know **him**.*			*The English lads? Yes, I saw **them**.*
her	la	¿Marta? **La** vi ayer.	them (f)	las	Ana y Paca – **las** conozco bien.
		*Marta? I saw **her** yesterday.*			*Ana and Paca – I know **them** well.*

You will see from the examples above that *le, la, les, las* usually come before the verb. They can also be added to the end of the infinitive.

¿Dónde está Ramón? Quiero ver**le**. / **Le** quiero ver.   *Where is Ramón? I want to see him.*
¿Sofía? Sí, quiero conocer**la**. / **La** quiero conocer.   *Sofía? Yes, I want to get to know her.*

1 ◊ Put the correct direct object pronoun: *le, la, les* or *las*, in each gap:

E.g. **1** la.

¿Alicia? Sí, ...**1**... conozco. Su hermano menor, ...**2**... conozco también. Los dos viven en Gerona – ...**3**... visité cuando fui allí. Creo que tienen hermanas, pero no ...**4**... vi. Alicia es una buena amiga – voy a llamar...**5**... para ver si quiere salir conmigo.

♣ Paca likes Ana's boyfriend. Rewrite each of Ana's sentences in another way.

E.g. **1** Paca le va a pedir salir.

1 Juan es mi novio. Paca va a pedirle salir.
2 Estoy enfadada con Paca. ¡No la quiero ver!
3 Juan está en casa. Le debo llamar.
4 Voy a decirle que yo sé lo que pasa.
5 No le quiero dar la impresión de que me importa.
6 Pero en realidad, ¡les quiero matar!

- **The preposition a goes before a direct object if the object is a person.
This also happens with verbs of knowing (conocer) and seeing (ver):**

Escucho la radio.	*I listen to the radio.*
Vi la película nueva.	*I saw the new film.*
Conozco el pueblo.	*I know the village.*

Escucho **a** mi profe.	*I listen to my teacher.*
Vi **a** mis primos.	*I saw my cousins.*
Conozco **a** Juan.	*I know Juan.*

2 Alicia is very miserable. Put the personal *a* in each sentence if appropriate.

1 No conozco __ muchos jóvenes aquí.
2 Y no conozco __ la ciudad tampoco.
3 Y detesto __ este piso nuevo.
4 No veo __ mis amigos.

5 Tengo que ayudar mucho __ mi madre.
6 Odio __ mi padre por dejar __ mi madre.
7 No quiero ver __ su nueva familia.
8 No me interesa escuchar __ sus excusas.

1 **¿Dónde estamos?**

Escucha. Para cada conversación 1–7, elige el lugar apropiado **a–h**.

Ejemplo **1 h**.

a la playa	**e** la farmacia
b una cafetería	**f** la verdulería
c la enfermería	**g** un restaurante
d una tienda de recuerdos	**h** en casa de una familia española

2 **¿Qué tal las vacaciones?** 15.5

¿Quieres ver tus fotos aquí?
¡Escríbenos con los detalles de tus vacaciones!

1 ¿Adónde fuiste?

2 ¿Con quién fuiste?

3 ¿Qué tal el viaje?

4 ¿Qué hiciste?

5 ¿Lo pasaste bien?

Fui de vacaciones con la familia de mi amigo. ¡Lo pasé muy bien! De día, monté a caballo en el campo, practiqué la vela en un lago y jugué al tenis en el hotel. De noche, bailé en la discoteca. RAÚL

Fui de vacaciones al norte de España, a San Sebastián, con mi familia. La ciudad es bonita y elegante: compré muchos recuerdos y mucha ropa. Todos los días, tomé el sol en la playa, que es muy bonita. ¡Lo pasé bomba! MARINA

¡Estoy aquí en el norte! Ayer visité el pueblo de Potes en la montaña, y nadé en el río – ¡qué frío! ANA

Hace dos semanas, fui a Toledo en coche. Salí de casa a las ocho de la mañana y ¡llegué a las ocho de la noche! Me aburrí un poco. Pero la ciudad de Toledo es histórica – visité la catedral, que es muy bonita. Durante el fin de semana, alquilé una bici y fui al campo. ÁNGEL

a Lee las postales. ¿A quién se refiere cada dibujo 1–7?

Ejemplo **1** Raúl.

b ¿Quién contesta a cada pregunta 1–5? Verifica.

Ejemplo Ana **1** ✔, **2** ✗, **3** …

1	2	3	4	5	6	7

c Prepara tus respuestas a las preguntas 1–5. Túrnate con tu pareja: pregunta y contesta.

3 La carta de Maite 📖 🔊

a Lee la carta de Maite. Utiliza tu diccionario, si es necesario.

México, 10 de mayo

a Querida Isabel,

No me conoces bien, pero soy tu prima Maite, de México. Me gustaría escribirte – para conocerte – ¡y visitarte en Gran Bretaña!

b Somos cinco en casa – mis padres, mi hermano Joaquín (que tiene dieciséis años) y mi hermana mayor, Amaya, que tiene veinte años.

c Amaya tiene un novio, Martín, que es amable y alegre. Joaquín es muy gracioso, pero un poco pesado. ¡Le gustan las peleas y las discusiones!

d ¿Y yo? Soy de estatura media, con el pelo bastante largo y negro, y los ojos marrones. Como mi madre soy sincera y responsable, pero más callada.

e ¿Qué te gusta hacer en tu tiempo libre? A mí, me encanta jugar al baloncesto. Como sabes, no puedo andar, pero juego muy bien en mi silla de ruedas.

f ¿Tienes planes para las vacaciones? Voy a ir con mi familia a la playa. El año pasado, pasé cinco días en la sierra con un grupo de amigos. ¡Lo pasé bomba! ¿Y tú, adónde fuiste?

g Bueno, te mando adjunto una foto, y una carta para la tía Teresa. Recuerdos a tu familia. ¡Escríbeme pronto!

Un abrazo a todos,

tu prima, Maite

b 🔵 Empareja el tema y el párrafo.

Ejemplo **1** – párrafo **b**.

1 sus familiares
2 el carácter de su hermano
3 su deporte favorito
4 su físico
5 sus planes para las vacaciones
6 las edades de sus hermanos

♣ Empareja las dos partes de las frases.

Ejemplo **1 d**

1 Maite tiene una hermana
2 De carácter, Maite no es muy
3 A veces, su hermano es
4 Maite va a ir
5 Maite fue
6 Un día, a Maite le gustaría ir

a antipático/a.
b a la playa.
c a Gran Bretaña.
d mayor.
e a la sierra.
f hablador/a.

c Escribe una carta como la de Maite. Incluye:

● tu ciudad y la fecha (*Ejemplo* Loughborough, 12 de junio)

● un saludo (*Ejemplo* ¡Hola ...! / Querido *(m)* ... / Querida *(f)* ...)

● detalles de tu familia, tu carácter y tu físico, tu tiempo libre, tus vacaciones.

● una mención de algo que mandas adjunto (*Ejemplo* una foto, una postal de tu ciudad, *etc.*)

● algo para terminar la carta (*Ejemplo* Un abrazo de ... / Saludos de ... / Tu amigo/a ...)

[15.6] ¿Cómo fue?

La tortilla española

Ingredientes

1 cebolla
4–5 patatas
4 huevos
2 cucharadas de aceite
un poco de sal

Método

1 Cortar en trocitos la cebolla y las patatas.
2 Freír en una sartén con aceite.
3 Batir los huevos.
4 Añadir los huevos a la mezcla.
5 Dejar cocer durante 15 minutos.
6 Dar la vuelta a la tortilla y dejar cocer durante cinco minutos más.
7 Servir en un plato.

LAS VACACIONES EN ESPAÑA

Las vacaciones de verano son largas en España: terminamos en junio, y empezamos otra vez a mediados de septiembre.

No tenemos vacaciones 'a mitad de trimestre', como vosotros en Gran Bretaña: pero hay dos semanas para Navidad y otras dos para Semana Santa.

Tenemos muchos días festivos – días sueltos de vacaciones para celebrar las fiestas del pueblo o de la ciudad. Hay también 'puentes': si hay un día de fiesta el jueves, y otro día festivo el lunes, ¡no vamos a clase el viernes!

La Semana Santa es muy importante en Sevilla, y se celebra con mucha solemnidad. Conmemoramos los últimos días de Jesucristo con desfiles de Nazarenos, y pasos con estatuas que van por las calles hasta la catedral.

¿Eres atrevido/a? ¡Haz el test!

Imagina que fuiste de vacaciones y elige la respuesta que mejor te corresponda.

1 *Fuiste al extranjero ...*
a en avión
b en un tren súper rápido
c en helicóptero

2 *Hubo varias excursiones. Tú elegiste ...*
a una excursión en barco de noche
b buceo con escafandra en el mar
c un vuelo en globo

3 *Un/a chico/a español/a quiso salir contigo:*
a saliste con él/ella, a solas
b le dijiste que no
c saliste con él/ella y un grupo de amigos

4 *Fuiste un día a la montaña. Tú ...*
a hiciste un cursillo de alpinismo
b hiciste senderismo
c subiste a la cumbre en teleférico

5 *Cenaste en un restaurante. Tú ...*
a tomaste gazpacho y tortilla
b pediste calamares en su tinta
c comiste pizza y patatas fritas

6 *La última noche, tú ...*
a bailaste toda la noche en un club
b hiciste tu maleta y fuiste temprano a la cama
c diste un paseo por la playa

Puntos:

1 a–1, b–2, c–3
2 a–1, b–3, c–2
3 a–3, b–1, c–2
4 a–2, b–1, c–3
5 a–2, b–3, c–1
6 a–3, b–1, c–2

Solución:

6-8: No eres muy atrevido/a – ¡hay que vivir un poco! ¿Qué te puede pasar? ¡Anímate!

9-12: Eres bastante atrevido/a. Pero de vez en cuando, haz algo insólito: ¡sorpréndete a ti mismo/a!

13-18: Eres atrevido/a, y no tienes miedo. Pero cuidado con tu seguridad personal – no corras riesgos innecesarios.

Poema de amor

Mis pensamientos leíste,
Mis lágrimas bebiste,
Mi soledad viste,
Y yo me alegré.

De mis sonrisas cenaste,
Mi corazón visitaste,
Por mis sueños bailaste,
Y yo me enamoré.

Buscando pistas

Looking for clues

- Before you read an article or letter line by line, glance down it and see how many words you recognise: ones you've met already, or ones you can guess. These are **clue-words**.

- Look for clues in the following articles and letters. Write down in English what you think each one is about. Make a list of the **clue-words** and compare notes with a friend.

Casi todo el mundo asocia los colores con las emociones: el rojo es agresivo, el verde es tranquilo, el azul es frío, el marrón es aburrido, el amarillo simboliza el sol, el color rosa es 'femenino' ... Pero, ¿es verdad que el color refleja el carácter de una persona? ¿O que los colores de una habitación pueden afectar a alguien?

La tradición de la *tertulia* es muy antigua en Madrid. ¿Qué es la *tertulia*? Es una reunión de artistas, escritores, músicos o actores del teatro en un café. Se reúnen para tomar un café, o una bebida alcohólica, y para hablar, charlar o discutir sobre los grandes temas políticos o literarios del día. El Café Gijón, por ejemplo, enfrente de la Biblioteca Nacional, es un lugar de mucha animación.

Verbos

Verbs

- If you can't find a word in the dictionary, it may be part of a verb.

- Verbs are listed with their infinitive ending: *–ar, –er, –ir*.

- Use the table on the right to help.

ends in	tense	look up
–o	(present)	–ar, –er, –ir
–ó	(preterite)	–ar
–as, –a, –ais, –amos, –an	(present)	–ar
–aste	(preterite)	–ar
–é	(preterite)	–ar
–es, –e, –emos, –éis, –en	(present)	–er, –ir
–í, –iste, –ió	(preterite)	–er, –ir
–imos, –ís	(present)	–ir

In the following sentences 1–4, look up the words in bold in the dictionary.
Note whether the infinitives end in *–ar*, *–er*, or *–ir*.

1 **Pasé** todo el día en el centro con Carolina. **Vi** escaparates – ¡qué caro es todo!

2 ¿Dónde **merendaste**? ¿**Buscaste** algún lugar tranquilo cerca del río?

3 **Decidí** ir al parque, y **encontré** un banco en la sombra. ¿Qué **haces** tú normalmente?

4 Normalmente, mis amigos y yo **alquilamos** bicis, o **subimos** al Monte Igueldo.

1 ◆ Choose the correct indirect object pronoun in each sentence.

E.g. ¿Qué **le** pasa a Matías?

TUTOR	¿Qué (*le / te*) pasa a Matías?
ÍÑIGO	No sé. Matías, ¿qué (*te / me*) pasa?
MATÍAS	(*Me / le*) duele el estómago. ¡Ay!
TUTOR	¿Hace mucho que (*me / te*) duele?
MATÍAS	Una hora. ¿Es apendicitis?
ÍÑIGO	(*Le / te*) gusta mucho el chocolate. Comió un montón en el recreo.
TUTOR	Mmm.. No (*me / te*) gusta su aspecto. Vamos a la enfermería.

♣ Write the correct direct object pronoun in each gap.

E.g. **1** ¿Tu mochila? **La** vi en la entrada.

MADRE	¿Tu mochila? ...**1**... vi en la entrada.
GARI	¿Mis lápices de colores? No ...**2**... veo.
MADRE	Ni idea. Tus gafas sí, ...**3**... tengo.
GARI	¿Mi teléfono móvil? ¿...**4**... tienes?
MADRE	No. ¿Tus hermanos, dónde están? No ...**5**... veo. Ni mis llaves.
GARI	...**6**... tengo aquí, Mamá.
MADRE	Y mi bolsa ... ¡Ah ...**7**... veo ahora!
GARI	¡Qué despistada eres, Mamá!

2 In the rap below, put the verbs into the formal command form.

E.g. **Tome** la primera ...

'...**1**... la primera',
'No, ...**2**... la segunda',
Ir de tiendas es aburrido.
'...**3**... la calle',
'No, ...**4**... la calle',
¡No es nada divertido!

'...**5**... la plaza',
'No, ...**6**... todo recto',
Mi mujer tiene ganas de comprar.
'...**7**... por el puente',
Ella pregunta a la gente.
¿Y yo? ¡Sólo quiero ir al bar!

1 tomar	**2** coger	**3** subir	**4** bajar	**5** cruzar	**6** seguir	**7** pasar

3 ◆ Cinderella finished all her jobs. Put each underlined verb into the 'yo' form of the preterite.

E.g. **1 Recogí** la cocina y ...

1 <u>Recoger</u> la cocina y <u>hacer</u> las camas.
2 <u>Salir</u> al mercado y <u>comprar</u> un regalo.
3 <u>Lavar</u> la ropa y <u>sacar</u> la basura.
4 <u>Limpiar</u> los zapatos y <u>planchar</u> los vestidos.
5 <u>Comer</u> un poco de pan y <u>beber</u> agua.
6 <u>Ayudar</u> a mis hermanas a prepararse.
7 ¡Yo no <u>ir</u> al baile!

♣ Put each verb in brackets into the appropriate form of the preterite tense.

E.g. El fin de semana **llegó** mi tía ...

El fin de semana (*llegar*) mi tía. (*Ser*) un desastre. Ella (*criticar*) todo, y no le (*gustar*) la comida que yo (*preparar*). También (*examinar*) todos los armarios, (*mirar*) detrás del sofá para ver si todo está limpio ... Yo (*perder*) la paciencia y (*protestar*). Mi padre no me (*dejar*) salir durante toda la semana.

Gramática

1 Nouns

A noun is a thing, person, or place. A *biro*, a *pupil*, and a *school* are nouns.

In Spanish all nouns, whether things, people or places, are either masculine *(m)* or feminine *(f)*. This is called their 'gender'.

Nouns can be singular *(s)*, meaning one, or plural *(pl)* meaning more than one. A *pen* is singular. *Pens* are plural. This is known as their 'number'.

2 'A' and 'some'

There are two words for *a* in the singular:

(m)	**un** boli	*a* biro
(f)	**una** agenda	*a* diary

In the plural, they often mean *some*:

(m)	**unos** bolis	*some* biros
(f)	**unas** agendas	*some* diaries

3 'The'

There are two words for *the* in the singular:

(m)	**el** boli	*the* biro
(f)	**la** agenda	*the* diary

There are two words for *the* in the plural:

(m)	**los** bolis	*the* biros
(f)	**las** agendas	*the* diaries

4 Plural nouns

In English we add *-s (pens)* or *-es (boxes)*. The same happens in Spanish:

ENDS IN	SINGULAR	PLURAL
-a	agenda	agenda**s**
-e	estuche	estuche**s**
-o	bolígrafo	bolígrafo**s**
-l, -r, -s	ordenador	ordenador**es**
-ín	jardín	jardin**es***
-ón	magnetofón	magnetofon**es***
-z	lápiz	lápi**ces**

*Note that the accent disappears in the plural.

Words borrowed from English may end in **-es**, but more usually end in **-s**:

un club	(unos) clube**s**
un póster	(unos) póster**s**

5 'Of ', 'from', 'to'

Of or *from* is **de**. If followed by **el**, it becomes **del**:

¿Está en **el** centro?	*Is it in **the** centre?*
Lejos **del** centro.	*Far away **from the** centre.*

To is **a**. If followed by **el** , it becomes **al**:

¿**El** cine?	***The** cinema?*
Sí, voy **al** cine.	*Yes, I'm going **to the** cinema.*

6 Adjectives

An adjective describes a noun: *blue*, *big* and *tight* are all adjectives. Dictionaries usually list adjectives in their masculine singular form.

The ending on an adjective agrees with the noun it describes, both in gender *(m, f)* and number *(s, pl)*. If the noun is masculine, the adjective must be masculine. If the noun is feminine, the adjective must be feminine.

(m)(s)	*(f)(s)*	*(m)(pl)*	*(f)(pl)*
-o	**-a**	**-os**	**-as**
serio	seria	serios	serias
-e	**-e**	**-es**	**-es**
verde	verde	verdes	verdes
-a	**-a**	**-as**	**-as**
optimista	optimista	optimistas	optimistas
-l	**-l**	**+es**	**+es**
azul	azul	azules	azules
-or	**-ora**	**-ores**	**-oras**
hablador	habladora	habladores	habladoras
-ón	**-ona**	**-ones**	**-onas**
glotón	glotona	glotones	glotonas

Mayor *(older)* and **marrón** *(brown)* do not change in the feminine singular:

Mi hermana **mayor**	*my **older** sister*
una tortuga **marrón**	*a **brown** tortoise*

The colours **lila** *(lilac)*, **rosa** *(pink)*, **naranja** *(orange)* do not change at all:

un cuaderno **rosa**	*a **pink** exercise-book*
cuadernos **rosa**	***pink** exercise-books*

Adjectives usually come after the noun:

una ciudad **moderna**	*a **modern** town*
un pueblo **antiguo**	*an **old** village*

7 Possessive adjectives

In English, these are *my, your, his, her*, etc:

	(m/f)(s)	*(m/f)(pl)*
my	**mi**	**mis**
your (fam.)	**tu**	**tus**
his, her, your (form.)	**su**	**sus**
our	**nuestro/a**	**nuestros/as**
your (fam.)	**vuestro/a**	**vuestros/as**
their, your (form.)	**su**	**sus**

Note that **su** can mean either *his, her* or *your* when using the formal **usted** form:

María y **su** tío.	*Maria and **her** uncle.*
Francisco y **su** tía.	*Francisco and **his** aunt.*
Usted y **su** marido.	*You and **your** husband.*

8 Verbs: infinitives

A verb conveys an action: *to open, to have, to go out* are all verbs in their *infinitive* form. This is the form you will find in the dictionary.

Spanish has three infinitive forms:

habl**ar**	**to** *speak*
aprend**er**	**to** *learn*
escrib**ir**	**to** *write*

9 Verbs: subject pronouns

English adds *I, you, we*, etc. to the verb to show *who*. These are called subject pronouns:

I learn a lot; **you** learn fast!; **we** learn Spanish.

The complete list of subject pronouns is:

yo	*I*	**nosotros***	*we*
tú	*you (fam.)*	**vosotros***	*you (fam.pl)*
él	*he*	**ellos**	*they (m)*
ella	*she*	**ellas**	*they (f)*
usted	*you (form.)*	**ustedes**	*you (form.pl)*

*With all-female groups, use **nosotras** and **vosotras**.*

Note that Spanish has different words for *you*:

tú	a person you know well a familiar relationship	*(fam.)*
usted	a person you don't know a formal relationship	*(form.)*
vosotros	people you know well familiar relationships	*(fam.pl)*
ustedes	people you don't know formal relationships	*(fam.pl)*

Usted is often abbreviated to **Ud.** or **Vd.**; and **ustedes** to **Uds.** or **Vds.**

10 Present tense: regular verbs

English verb endings change as follows:
I eat a packed lunch.
The class ends at three.

The endings on Spanish verbs also change. Remove the **-ar**, **-er**, **-ir** to get to the stem, then add the following endings:

	habl**ar**	com**er**	viv**ir**
(yo)	habl**o**	com**o**	viv**o**
(tú)	habl**as**	com**es**	viv**es**
(él)	habl**a**	com**e**	viv**e**
(ella)	habl**a**	com**e**	viv**e**
(usted)	habl**a**	com**e**	viv**e**
(nosotros)	habl**amos**	com**emos**	viv**imos**
(vosotros)	habl**áis**	com**éis**	viv**ís**
(ellos)	habl**an**	com**en**	viv**en**
(ellas)	habl**an**	com**en**	viv**en**
(ustedes)	habl**an**	com**en**	viv**en**

Hablo español. · *I speak Spanish.*
¡**Comes** chicle! · *You're eating gum!*
Viven lejos. · *They live far away.*

English uses *it* to talk about objects or things. Since in Spanish objects or things are *masculine* or *feminine* (section 1 above), use the *he/she* (**él/ella**) form:
¿Cuándo termin**a** la clase? Termin**a** a las dos.
When does the class end? It (she) ends at two.

With plural objects or things, use the *they* (**ellos/ellas**) form:
¿Las clases de francés? · Termin**an** a las dos.
French classes? · *They finish at two.*

Yo, **tú** etc. are usually left out:
Trabajo mucho. · *I work a lot.*
¿**Vives** en Madrid? · *Do you live in Madrid?*

But add **yo**, **tú** etc. for emphasis:
¿Vives en York? · Pues, **yo** vivo en Hull.
Do you live in York? · *Well, I live in Hull.*

And add **yo**, **tú** etc. to make the meaning clear.
¿Los mellizos? **Ella** no trabaja – pero **él**, sí.
*The twins? **She** doesn't work, but **he** does.*

11 Present tense: irregular verbs

These verbs do not follow the normal pattern for **yo**:

to do, make	hacer	ha**go**	I do, make
to put, set	poner	pon**go**	I put, set
to know	saber	s**é**	I know
to go out	salir	sal**go**	I go out
to bring	traer	trai**go**	I bring
to see	ver	ve**o**	I see

Sometimes, there are spelling changes to keep the same sound:

to take, catch	coger	cojo	*I take, catch*
to tidy up	recoger	recojo	*I tidy up*

The verbs **tener** (AL3) **venir**, and **ir** (AL9) are as follows:

	tener (to have)	**venir** (to come)	**ir** (to go)
(yo)	**tengo**	**vengo**	**voy**
(tú)	**tienes**	**vienes**	**vas**
(él)	**tiene**	**viene**	**va**
(ella)	**tiene**	**viene**	**va**
(usted)	**tiene**	**viene**	**va**
(nosotros)	**tenemos**	**venimos**	**vamos**
(vosotros)	**tenéis**	**venís**	**vais**
(ellos)	**tienen**	**vienen**	**van**
(ellas)	**tienen**	**vienen**	**van**
(ustedes)	**tienen**	**vienen**	**van**

Tener que means *to have to*:
Tengo que recoger. · *I have to tidy up.*

Two verbs mean *to be* – **ser** (AL4) and **estar** (AL8):

(yo)	**soy**	**estoy**	*I am*
(tú)	**eres**	**estás**	*you are (fam.)*
(él)	**es**	**está**	*he is*
(ella)	**es**	**está**	*she is*
(usted)	**es**	**está**	*you are (form.)*
(nosotros)	**somos**	**estamos**	*we are*
(vosotros)	**sois**	**estáis**	*you are (fam. pl)*
(ellos)	**son**	**están**	*they are*
(ellas)	**son**	**están**	*they are*
(ustedes)	**son**	**están**	*you are (form. pl)*

Use **ser** *(to be)* for relationships and character:
Concha **es** mi hermana.   *Concha is my sister.*
Soy trabajadora.   *I'm hard-working.*

Use **estar** *(to be)* for feelings and saying where:
Estoy preocupado.   *I'm worried.*
¿Dónde **está** María?   *Where is María?*

12 Stem-changing verbs

Some verbs not only change their ending, but also have a change in their stem.

	e > ie qu**e**rer	-o/-u > ue j**u**gar	-e > i rep**e**tir
(yo)	qu**i**ero	j**ue**go	rep**i**to
(tú)	qu**i**eres	j**ue**gas	rep**i**tes
(él)	qu**i**ere	j**ue**ga	rep**i**te
(ella)	qu**i**ere	j**ue**ga	rep**i**te
(usted)	qu**i**ere	j**ue**ga	rep**i**te
(nosotros)	queremos	jugamos	repetimos
(vosotros)	queréis	jugáis	repetís
(ellos)	qu**i**eren	j**ue**gan	rep**i**ten
(ellas)	qu**i**eren	j**ue**gan	rep**i**ten
(ustedes)	qu**i**eren	j**ue**gan	rep**i**ten

Other verbs which follow the same patterns are:

-e > ie	cerrar	to close
	empezar	to begin
	encender	to switch on
	entender	to understand
	merendar	to have a snack
	pensar	to think
	preferir	to prefer
-o > ue	costar	to cost
	doler	to hurt
	dormir	to sleep
	encontrar	to find
	llover	to rain
	poder	to be able to
	probar	to try (on), taste

(-o > ue)	soler	to ... usually
	volver	to return
-e > i	decir*	to say, tell
	elegir	to choose
	pedir	to ask for
	seguir	to follow, carry on

***decir** is also irregular in the **yo** form: **digo**

¿Qué pref**ie**res?   *What do you prefer?*
V**ue**lvo a casa tarde.   *I return home late.*
Ll**ue**ve mucho.   *It rains a lot.*
¡Yo **digo** que no!   *I say no!*
El**i**ge un número.   *Choose a number.*

13 Reflexive verbs

Reflexive verbs, in their infinitive form, end in **-se** and indicate an action done to oneself:
lavar**se**   *to wash (**oneself**)*
poner**se**   *to put on (**oneself**)*

In the present tense, the **-se** moves from the end to the beginning, and changes as follows:

		lavar**se**	to wash (oneself)
(yo)	**me**	lavo	*I wash*
(tú)	**te**	lavas	*you wash (fam.)*
(él)	**se**	lava	*he washes*
(lla)	**se**	lava	*she washes*
(usted)	**se**	lava	*you wash (form.)*
(nosotros)	**nos**	lavamos	*we wash*
(vosotros)	**os**	laváis	*you wash (fam. pl)*
(ellos)	**se**	lavan	*they wash*
(ellas)	**se**	lavan	*they wash*
(ustedes)	**se**	lavan	*you wash (form. pl)*

Me lavo rápidamente.   *I get washed quickly.*
¡Mis niños no **se** lavan!   *My children don't wash!*

Other common verbs of this type:

llamar**se**	to be called
levantar**se**	to get up
duchar**se**	to have a shower
bañar**se**	to have a bath
olvidar**se**	to forget
arreglar**se**	to tidy/smarten oneself
peinar**se**	to comb one's hair
relajar**se**	to relax

Some reflexive verbs are also stem-changing verbs. See section 12 above:

desp**e**rtarse (**ie**)	to wake up	di**v**ertirse (**ie**)	to enjoy oneself
s**e**ntarse (**ie**)	to sit down	s**e**ntirse (**ie**)	to be sorry, to feel
ac**o**starse (**ue**)	to go to bed	v**e**stirse (**i**)	to get dressed

¿**Te** desp**ie**rtas tarde?   *Do you wake up late?*
Me ac**ue**sto tarde.   *I go to bed late.*

14 The immediate future

To say what you're going to do, use the correct part of the verb
ir + **a** + *infinitive* (AL9):

| ¿Qué **vas a hacer**? | What **are you going to do**? |
| **Voy a salir**. | **I'm going to go out**. |

15 Gustar

Gustar is used to mean *to like*, but really means *to be pleasing to*:

| Me **gusta** ir al cine. | *I like going to the cinema.* *(It is pleasing to me to go to the cinema.)* |
| ¿Te **gusta** la Coca-Cola? | *Do you like Coca-Cola?* *(Is Coca-Cola pleasing to you?)* |

With an infinitive, it means: *to like to do something*:

| Me gusta **leer**. | *I like reading / to read.* |

With singular nouns, use **gusta**; with plurals, **gustan**:

| singular | Me **gusta el** chocolate. Me **gusta la** tortilla. |
| plural | Me **gustan los** churros. Me **gustan las** patatas fritas. |

The verb **encantar** *(to love)*, **interesar** *(to be interested in)*, and **chiflar** *(to adore)* follow the same pattern:

Me **encanta** el fútbol.	*I **love** football.*
Me **interesa** el deporte.	*I'm **interested** in sport.*
Me **chiflan** los bombones.	*I **adore** sweets.*

16 Direct object pronouns

There are two words in Spanish for *it*: **lo** for masculine things, and **la** for feminine things. For *them*, use **los** for masculine plural, and **las** for feminine plural:

(ms)	**lo**	¿El café? No **lo** tomo. *Coffee? I don't have/drink **it**.*
(fs)	**la**	¿La leche? No **la** bebo. *Milk? I don't drink **it**.*
(mpl)	**los**	¿Los tomates? Sí, **los** tomo. *Tomatoes? Yes, I eat **them**.*
(fpl)	**las**	¿Las fresas? Sí, **las** como. *Strawberries? Yes, I eat **them**.*

17 Indirect object pronouns

These usually mean *to me* (**me**); *to you* (**te**); *to him, to her* (**le**). They are also used with **gustar**, **doler**.

Use them to show who likes something:

me	**me** gusta	*(it is pleasing **to me**)*
te	**te** gusta	*(it is pleasing **to you**)*
le	**le** gusta	*(it is pleasing **to him/her/you**)*
nos	**nos** gusta	*(it is pleasing **to us**)*
os	**os** gusta	*(it is pleasing **to you**)*
les	**les** gusta	*(it is pleasing **to them/you**)*

Use them to show who is in pain:

| **Me** duele la pierna. | **My** leg hurts **(to me)**. |

| ¿**Te** duelen los ojos? | *Do **your** eyes hurt? (**to you**)* |
| **Le** duele el pie. | ***His** foot hurts (**to him**).* |

You can add **a** + **name** to **le** to make it clearer:

| **A Juan le** gusta el café. | ***Juan** likes coffee.* |
| **A Ana le** duelen las manos. | ***Ana's** hands hurt.* |

18 Disjunctive pronouns

After a preposition, like **para** *(for)*, you need to use a disjunctive pronoun to express *me, you, him, her*, etc. These are the same as the subject pronouns for verbs (see Section 9 above), except for the first two: **mí** *(me)*, and **ti** *(you)*.

¿Es para **mí**?	*Is it for **me**?*
No es para **ti**.	*It's not for **you**.*
Es para **él** y **ella**.	*It's for **him** and **her**.*

After **con** *(with)*, use **conmigo** *(with me)* and **contigo** *(with you)*:

¿Vienes **conmigo**?	*Are you coming **with me**?*
No, voy **con ellos**.	*No, I´m going **with them**.*
Prefiero ir **contigo**.	*I prefer going **with you**.*

19 Negatives

Use **no** where English uses *not/don't*:

| **No** tengo tiempo. | *I **don't** have time.* |
| **No** voy al bar. | *I'm **not** going to the bar.* |

Other common negatives are:

no ... nunca, no ... jamás	*never*
no ... nada	*nothing, not anything*
no ... nadie	*no-one, not anyone*
ni ... ni	*neither ... nor*

No juego **nunca**.	*I **never** play.*
No hago **nada**.	*I'm **not** doing **anything**.*
No veo a **nadie**.	*I **don't** see **anyone**.*
Ni él **ni** ella juega.	***Neither** he **nor** she plays.*

20 Preterite tense: regular verbs

Use the preterite tense to say what you did:
I went to Spain on holiday.
I sunbathed on the beach.
I swam in the sea.

To form the preterite tense, remove the **-ar**, **-er**, **-ir** to get to the stem, then add the following endings:

	habl**ar** *to speak*	com**er** *to eat*	viv**ir** *to live*
(yo)	habl**é**	com**í**	viv**í**
(tú)	habl**aste**	com**iste**	viv**iste**
(él)	habl**ó**	com**ió**	viv**ió**
(ella)	habl**ó**	com**ió**	viv**ió**
(usted)	habl**ó**	com**ió**	viv**ió**
(nosotros)	habl**amos**	com**imos**	viv**imos**
(vosotros)	habl**asteis**	com**isteis**	viv**isteis**
(ellos)	habl**aron**	com**ieron**	viv**ieron**
(ellas)	habl**aron**	com**ieron**	viv**ieron**
(ustedes)	habl**aron**	com**ieron**	viv**ieron**

| ¡**Hablé** español! | *I **spoke** Spanish!* |
| **Comimos** mucho. | *We **ate** a lot.* |

21 Preterite tense: irregular verbs

Note that **ir** *(to go)* and **ser** *(to be)* have the same form:

	ir/ser	dar	ver	hacer
yo	**fui**	**di**	**vi**	**hice**
tú	**fuiste**	**diste**	**viste**	**hiciste**
él	**fue**	**dio**	**vio**	**hizo**
ella	**fue**	**dio**	**vio**	**hizo**
usted	**fue**	**dio**	**vio**	**hizo**
nosotros	**fuimos**	**dimos**	**vimos**	**hicimos**
vosotros	**fuisteis**	**disteis**	**visteis**	**hicisteis**
ellos	**fueron**	**dieron**	**vieron**	**hicieron**
ellas	**fueron**	**dieron**	**vieron**	**hicieron**
ustedes	**fueron**	**dieron**	**vieron**	**hicieron**

¿Adónde **fuiste**?	Where **did you go**?
¡**Fue** estupendo!	**It was** great!
Di una vuelta.	**I went** for a walk.
¿Qué **viste**?	What **did you see**?
Mi padre **hizo** windsurf.	My father **windsurfed**.

The verb **leer** *(to read)* has a spelling change in the *él/ella/usted* form (**leyó**) and the *ellos/ellas/ustedes* form (**leyeron**). Other parts of the verb are regular.

Juan **leyó** una revista. *Juan read a magazine.*
Sus padres **leyeron** el periódico. *His parents read the paper.*
Yo **leí** un tebeo: y tú, ¿qué **leiste**? *I read a comic: and you, what did you read?*

In verbs with a '**g**' or '**c**' before the infinitive ending, there are spelling changes in the **yo** form. The letter '**g**' becomes '**gu**'. The letter '**c**' becomes '**qu**':

¿Vas a lle**g**ar temprano? ¡Sí! Lle**gu**é tarde ayer.
¿Quieres sa**c**ar fotos? No, sa**qu**é fotos ayer.

22 Positive commands

A positive command is an instruction or order to do something. In Spanish, they are formed like this:

		tomar	comer	subir
tú	(present)	tomas	comes	subes
	command	**toma**	**come**	**sube**
usted	(present)	toma	come	sube
	command	**tome**	**coma**	**suba**

¡**Come** más fruta!	**Eat** more fruit!
¡**Coma** menos chocolate!	**Eat** less chocolate!

Hacer and **ir** are irregular and the other verbs have spelling changes to keep the same sound:

		tú	usted
hacer	(to make/do)	**haz**	**haga**
ir	(to go)	**ve**	**vaya**
coger	(to take)	**coge**	**coja**
cruzar	(to cross)	**cruza**	**cruce**
seguir	(to carry on, follow)	**sigue**	**siga**
torcer	(to turn)	**tuerce**	**tuerza**

23 Verbs of obligation

To express obligation, use the regular verb **deber** *(must, ought to)*, or **hay que** *(one has to)* or **tener que** *(to have to)*:

Debes beber menos.	*You ought to drink less.*
Tienes que estudiar.	*You have to study.*
¡Hay que escuchar!	*You have to listen!*

24 The personal 'a'

After an action done to a person, you need to put in the word **a**. There is no equivalent in English.

Conocí **a** un chico.	*I got to know a boy.*
Vi **a** mi mejor amiga.	*I saw my best friend.*

25 Questions

In English we often use the words **do** or **does** when asking questions:

Do you like playing football? Does she like it?

There is no equivalent in Spanish. Just use the correct part of the verb, with question marks:

¿**Juegas** al tenis? ¿Merche **juega** también?
Do you play tennis? Does Merche play too?

The following are common question words:

¿adónde?	where ... to?
¿a qué hora?	at what time?
¿cómo?	how? what ... like?
¿cuándo?	when?
¿cuánto/a?	how much?
¿cuántos/as?	how many?
¿dónde?	where?
¿por qué?	why?
¿qué?	what?
¿quién?	who?

Examples:

¿**Cómo** es tu casa?	**What** is your house **like**?
¿**Qué** deportes practicas?	**What** sports do you play?

26 Y / o

When **y** *(and)* is followed by a word beginning with **i** or **hi** (but not **hie**), it changes to **e**:

una ciudad nueva **e** interesante
un pueblo antiguo **e** histórico

When **o** *(or)* is followed by a word beginning with **o** or **ho**, it changes to **u**:

siete **u** ocho chicos perezosos
¿Hay un hostal **u** hotel por aquí?

27 Los números

1	uno		11	once
2	dos		12	doce
3	tres		13	trece
4	cuatro		14	catorce
5	cinco		15	quince
6	seis		16	dieciséis
7	siete		17	diecisiete
8	ocho		18	dieciocho
9	nueve		19	diecinueve
10	diez		20	veinte
21	veintiuno		26	veintiséis
22	veintidós		27	veintisiete
23	veintitrés		28	veintiocho
24	veinticuatro		29	veintinueve
25	veinticinco		30	treinta
31	treinta y uno		60	sesenta
32	treinta y dos		70	setenta
40	cuarenta		80	ochenta
50	cincuenta		90	noventa
100	cien		500	quinientos
101	ciento uno		600	seiscientos
200	doscientos		700	setecientos
300	trescientos		800	ochocientos
400	cuatrocientos		900	novecientos
1000	mil		1000000	un millón
2000	dos mil		2000000	dos millones

28 Days of the week

The days of the week in Spanish do not have a capital letter:

lunes	*Monday*
martes	*Tuesday*
miércoles	*Wednesday*
jueves	*Thursday*
viernes	*Friday*
sábado	*Saturday*
domingo	*Sunday*

29 Months of the year

Note that the months of the year in Spanish do not have a capital letter either:

enero	*January*
febrero	*February*
marzo	*March*
abril	*April*
mayo	*May*
junio	*June*
julio	*July*
agosto	*August*
septiembre	*September*
octubre	*October*
noviembre	*November*
diciembre	*December*

30 Countries

Most countries are feminine and singular: those which are not are marked with *(m)* for masculine, and *(pl)* for plural:

Alemania	Germany
Escocia	Scotland
España	Spain
Francia	France
Gales *(m)*	Wales
Grecia	Greece
Gran Bretaña	Great Britain
Inglaterra	England
Irlanda	Ireland
las Islas Canarias *(pl)*	the Canary Islands
los Estados Unidos *(pl)*	the U.S.A.
Noruega	Norway
Portugal *(m)*	Portugal
Suecia	Sweden
Suiza	Switzerland

Vocabulario *Español – Inglés*

Key to symbols: *(m)* masculine; *(f)* feminine; *(mpl)* masculine plural; *(fpl)* feminine plural; *(vb)* verb; *(adj)* adjective; *(fam)* familiar; *(form)* formal; *(Gr)* see grammar section; ~ repeated word

A

a to
abajo down, downstairs
abrazo *(m)* hug
abril April
abrir *(vb)* to open
abuela *(f)* grandmother
abuelo *(m)* grandfather
abuelos *(mpl)* grandparents
aburrido *(adj)* boring
de acuerdo agreed
adiós goodbye
adivinanza *(f)* guess
adivinar *(vb)* to guess
adjunto *(adj)* enclosed
adonde to where
¿adónde? where to?
adosado *(adj)* semi-detached
aeropuerto *(m)* airport
afirmación *(f)* statement
afueras *(fpl)* outskirts
agencia inmobiliaria *(f)* estate agent's
agenda *(f)* diary
agosto *(m)* August
agradable *(adj)* pleasant
agua *(f)* water
ahí there
ahora now
aire acondicionado *(m)*
      air conditioning
al ajillo in a garlic sauce
ajo *(m)* garlic
al to the
albóndigas *(fpl)* meatballs
alegre *(adj)* cheerful
alemán *(adj)* German
Alemania *(f)* Germany
alérgico *(adj)* allergic
alfombra *(f)* rug
algo something;
      ¿ ~ más? anything else?
alguno *(adj)* some
alimentación *(f)* food
alimento *(m)* foodstuff
allí there
almacén *(m)* store
almendra *(f)* almond
alpinismo *(m)* climbing
alto *(adj)* tall
alumno *(m)*, alumna *(f)* pupil
amable *(adj)* kind
amarillo *(adj)* yellow
amigo *(m)*, amiga *(f)* friend
amor *(m)* love
ampolla *(f)* blister
amueblado *(adj)* furnished
andando on foot, walking
andar *(vb)* to walk
animado *(adj)* lively

anteayer *(m)* day before yesterday
antiguo *(adj)* old
antipatía *(f)* dislike
antipático *(adj)* unfriendly
¡apaga! switch off!
apellido *(m)* surname
aprender *(vb)* to learn
apropiado *(adj)* appropriate
apuntar *(vb)* to jot down
apuntes *(mpl)* notes
aquí here
árbol *(m)* tree
armario *(m)* cupboard
arriba up, upstairs
asamblea *(f)* assembly
¡qué asco! how disgusting!
aseo *(m)* toilet
así in this way, so
asignatura *(f)* subject
aspiradora *(f)* vacuum-cleaner
asunto *(m)* topic, subject
atentamente carefully
atletismo *(m)* athletics
atrevido *(adj)* daring
atún *(m)* tuna
audición *(f)* audition
aula *(f)* classroom
aunque although
autobús *(m)* bus
autocar *(m)* coach
avenida *(f)* avenue
avión *(m)* plane
ayer yesterday
ayudar *(vb)* to help
azúcar *(m)* sugar
azul *(adj)* blue

B

bailar *(vb)* to dance
bajar *(vb)* to go down
baloncesto *(m)* basketball
barco *(m)* boat
barra *(f)* loaf
barrio *(m)* district
bastante enough, quite
basura *(f)* rubbish
batido *(m)* milkshake
bautizo *(m)* baptism
beber *(vb)* to drink
bebida *(f)* drink
besos *(mpl)* kisses, love from
biblioteca *(f)* library
bici(cleta) *(f)* bicycle
bien well, fine, OK
bienvenido *(adj)* welcome
billete *(m)* ticket
blanco *(adj)* white
bocadillo *(m)* sandwich
boda *(f)* wedding

bolera *(f)* bowling alley
boli *(m)*, bolígrafo *(m)* biro
bolsa *(f)* bag
bolsillo *(m)* pocket
bombones *(mpl)* sweets
bonito *(adj)* pretty
borrador *(m)* board-rubber
bote *(m)* can, jar
botella *(f)* bottle
brazo *(m)* arm
británico *(adj)* British
broma *(f)* joke
bueno *(adj)* good,
      lo ~ the good thing
bufanda *(f)* scarf
buscar *(vb)* to look for
butaca *(f)* armchair

C

caballo *(m)* horse
cabeza *(f)* head
cacahuetes *(mpl)* peanuts
cada *(adj)* each, every
café *(m)* coffee
cafetería *(f)* café
caja *(f)* box
calamares *(mpl)* squid
calculadora *(f)* calculator
calefacción *(f)* heating
caliente *(adj)* hot
callado *(adj)* quiet, reserved
calor *(m)* heat;
      hace ~ it's hot
cama *(f)* bed
camarera *(f)* waitress
camarero *(m)* waiter
cambiar *(vb)* to change
cambio *(m)* change
camino *(m)* path, way
camiseta *(f)* T-shirt
campamento *(m)* camp
campo *(m)* countryside
canadiense Canadian
canción *(f)* song
cansado *(adj)* tired
cantar *(vb)* to sing
cantina *(f)* canteen
cara *(f)* face;
      ¡qué ~ what a cheek!
carne *(f)* meat;
      ~ picada mince meat
carnicería *(f)* butcher's
caro *(adj)* dear, expensive
carpeta *(f)* folder
carta *(f)* letter
casa *(f)* house, home
casi almost
casilla *(f)* small box
castillo *(m)* castle

catarro *(m)* cold
cebolla *(f)* onion
cena *(f)* dinner
cenar *(vb)* to dine, to have dinner
centro *(m)* centre;
    ~ comercial shopping centre
cerámica *(f)* pottery
cerca (de) near (to)
cerdo *(m)* pork
champiñones *(mpl)* mushrooms
chico *(m)*, chica *(f)* boy, girl
chorizo *(m)* spicy sausage
churros *(mpl)* doughnut sticks
ciclismo *(m)* cycling
ciencias *(fpl)* sciences
cine *(m)* cinema
cinturón *(m)* belt
ciudad *(f)* town;
    ~ grande city
claro of course
claro *(adj)* light
clip *(m)* paper-clip
cobaya *(f)* guinea-pig
coche *(m)* car
cocina *(f)* kitchen, cookery
coger *(vb)* to take, get, catch
colegio *(m)* school (5–11)
colorantes *(mpl)* colourings
comedor *(m)* dining room
comentario *(m)* comment
comer *(vb)* to eat
comida *(f)* food
como as, like
¿cómo? what ... like? how?
cómoda *(f)* chest of drawers
cómodo *(adj)* comfortable
compañero *(m)*, compañera *(f)*
    classmate
compartir *(vb)* to share
comprar *(vb)* to buy
compras *(fpl)* purchases;
    ir de ~ to go shopping
comprender *(vb)* to understand
comprensivo *(adj)* understanding
con with
confianza *(f)* confidence
conmigo with me
conocer *(vb)* to (get to) know
consejo *(m)* advice
contener *(vb)* to contain
contento *(adj)* happy, pleased
contestar *(vb)* to answer
contigo with you
contrario *(adj)* opposite
corazón *(m)* heart
coronilla *(f)* estar hasta la ~
    to be totally fed up with
correo *(m)* post, mail
Correos Post Office
correr *(vb)* to run
corresponsal *(m)(f)* pen-pal

cosa thing
costa *(f)* coast
creer *(vb)* to believe, think
croquetas *(fpl)* croquettes
cruasán *(m)* croissant
cruce *(m)* crossroads
cruzar *(vb)* to cross
cuaderno *(m)* exercise-book
cuadro *(m)* picture, grid, table
¿cuál? which, what?
cuando when
¿cuándo? when?
¿cuánto/a? *(adj)* how much?
¿cuántos/as? how many?
cuarto *(m)* room
un cuarto (de) a quarter (of a kilo) (of)
cuenta *(f)* bill
cuerpo *(m)* body
¡cuidado! careful!
cumpleaños *(m)* birthday

D

DAO (diseño asistido por ordenador)
    CAD (computer-aided design)
dar *(vb)* to give
de of, from
debajo (de) underneath, below
deber *(vb)* to have to, ought to, must
deberes *(mpl)* homework
decepcionado *(adj)* disappointed
decir *(vb)* to say, tell
dedo *(m)* finger
dejar *(vb)* to leave, to let
¿me dejas ...? can I have/borrow ...?
del of the
delante (de) in front of
delgado *(adj)* slim
los demás the others, the rest
demasiado *(adj)* too
dentro (de) inside
deporte *(m)* sport
deportista *(adj)* sporty
deprimido *(adj)* depressed
a la derecha on the right
desayunar *(vb)* to have breakfast
desayuno *(m)* breakfast
descansar *(vb)* to rest
descubrir *(vb)* to discover
desde from
desear *(vb)* to desire, want
despacho *(m)* office
despistado *(adj)* absent-minded,
    clueless
después (de) after, afterwards
detalle *(m)* detail
detestar *(vb)* to hate, loathe
detrás (de) behind
día *(m)* day
diario *(adj)* daily
dibujar *(vb)* to draw
dibujo *(m)* drawing

diciembre *(m)* December
dime tell me
dinero *(m)* money
director *(m)*; directora *(f)* head-teacher
discoteca *(f)* disco
disculpa *(f)* excuse
diseño *(m)* design
diversión *(f)* entertainment
divertido *(adj)* amusing, fun
doler *(vb)* to hurt
dolor *(m)* pain, ache
domingo *(m)* Sunday
donde where
¿dónde? where?
dormitorio *(m)* bedroom
droguería *(f)*
    chemist's (not for medicines)
me duele ... ... hurts me, is sore
dulce *(adj)* sweet
durante during

E

edad *(f)* age
educación cívica *(f)* civic education
egoísta *(adj)* selfish
ejemplo *(m)* example
ejercicio *(m.)* exercise
el the
él he
elegir *(vb)* to choose
ella she
ellos *(mpl)*, ellas *(fpl)* they
embalse *(m)* reservoir
empanadilla *(f)* pasty
emparejar *(vb)* to match up
empezar *(vb)* to begin
empleado *(m)*, empleada *(f)* employee
enanito *(m)* dwarf
encantado *(adj)*
    delighted, pleased (to meet you)
encantador *(adj)* charming
¡enciende! switch on!
encima (de) on top of
encuesta *(f)* survey
enero *(m)* January
enfadado *(adj)* angry
enfermera *(f)* nurse
enfermería *(f)* medical room
enfrente (de) opposite
ensalada *(f)* salad
entonces then
entrada *(f)* hall, entrance
entre between;
    ~ semana during the week
entrevistador *(m)*; entrevistadora *(f)*
    interviewer
enviar *(vb)* to send
equilibrado *(adj)* balanced
equipo *(m.)* team
equitación *(f)* horse-riding
escocés *(adj)* Scottish

Escocia *(f)* Scotland
escolar *(adj)* school
escribir *(vb)* to write
escritorio *(m)* desk
escuchar *(vb)* to listen (to)
escuela *(f)* school
eso that
espacial *(adj)* space
espalda *(f)* back
España *(f)* Spain
español *(adj)* Spanish
especialmente especially
esperar *(vb)* to wait
espía *(m)(f)* spy
esquí *(m)* skiing
esquina *(f)* street-corner
estación *(f)* station, season
estadio *(m)* stadium
estante *(m)* shelf
estantería *(m)* shelving
estar *(vb)* to be
este *(m)* east
¡a estrenar! new release!
estresado *(adj)* stressed
estricto *(adj)* strict
estuche *(m)* pencil case
estudiar *(vb)* to study
estupendo *(adj)* great
examen *(m)* exam
excursión *(f)* excursion, trip
explicar *(vb)* to explain
exposición *(f)* exhibition
extrovertido *(adj)* extrovert, outgoing

F

fácil *(adj)* easy
falso *(adj)* false
faltar *(vb)* to be missing, lacking
familia *(f)* family
farmacia *(f)* chemist's
fatal *(adj)* terrible
por favor please
fecha *(f)* date
felicitar *(vb)* to congratulate
feliz *(adj)* happy
fenomenal *(adj)* great
feo *(adj)* ugly
ficha *(f)* form
fiebre *(f)* fever; ~ del heno hay fever
fiesta *(f)* festival, party
filete *(m)* fillet (steak)
al final (de) at the end (of)
finca *(f)* farm
física *(f)* physics
físico *(m)* build, stature
flan *(m)* caramel custard
formación *(f)* training
francés *(adj)* French
Francia *(f)* France
frase *(f)* sentence, phrase
fresa *(f)* strawberry

fresco *(adj)* fresh
frío *(adj)* cold
frito *(adj)* fried
frutería *(f)* fruiterer's
fuera outside
fuerte *(adj)* strong

G

Gales *(m)* Wales
galés *(adj)* Welsh
galleta *(f)* biscuit
gambas *(fpl)* prawns
ganas *(fpl)* tener ~ de to feel like
garaje *(m)* garage
garganta *(f)* throat
gas *(m)* con ~ fizzy
gaseosa *(f)* fizzy drink
gato *(m)* cat
gazpacho *(m)* cold soup
gemelo *(m)*, gemela *(f)* twin
gente *(f)* people
gerbo *(m)* gerbil
gimnasia *(f)* gymnastics
gimnasio *(m)* gymnasium
goma *(f)* rubber
gordito *(adj)* plump
gordo *(adj)* fat
gracias thanks
gracioso *(adj)* funny, witty
grande *(adj)* big
granizado *(m)* crushed ice drink
grapadora *(f)* stapler
grasa *(f)* fat
grave *(adj)* serious
grifo *(m)* tap
gris *(adj)* grey
guapo *(adj)* good-looking
guardarropa *(m)* wardrobe
¡qué guay! great!
guisantes *(mpl)* peas
gustar *(vb)* to be pleasing to;
    me gusta I like
gusto *(m)* taste

H

habitación *(f)* room
hablador *(adj)* talkative
hablar *(vb)* to speak
hace ago
hacer *(vb)* to do, make
hacia towards
hambre *(f)* hunger;
    tener ~ to be hungry
harina *(f)* flour
harto *(adj)* fed-up
hasta until, as far as
hay there is, there are
hay que one has to
helado *(m)* ice-cream
heno *(m)* hay
hermana *(f)* sister

hermanastra *(f)* stepsister
hermanastro *(m)* stepbrother
hermano *(m)* brother
hermanos *(mpl)* brothers and sisters
hielo *(m)* ice
hija *(f)* daughter
hijo *(m)* son
hoja *(f)* sheet of paper
hola hello
hombre *(m)* man
honrado *(adj)* honest, trustworthy
hora *(f)* hour, time;
    ¿qué ~ es? what time is it?
horario *(m)* timetable
horroroso *(adj)* terrible
hoy today
huevo *(m)* egg

I

ini idea! not a clue!
idioma *(m)* language
iglesia *(f)* church
igual *(adj)* equal;
    me da ~ I don't mind
igualmente equally, me too
¡qué ilusión! how exciting!
ilusionado *(adj)* delighted
impaciente *(adj)* impatient
indicar *(vb)* to show, indicate
indio *(adj)* Indian
Inglaterra *(f)* England
inglés *(adj)* English
insecto palo *(m)* stick insect
instituto *(m)* school (11–18)
intentar *(vb)* to try
interesar *(vb)* to interest;
    me interesa I'm interested in
invierno *(m)* winter
ir *(vb)* to go
a la izquierda on the left

J

jamón *(m)* ham
jarabe *(m)* syrup
jardín *(m)* garden
joven *(adj)* young
joven *(m)(f)* young person
juego *(m)* game
jueves *(m)* Thursday
jugar *(vb)* to play
julio *(m)* July
junto *(adj)* next to, on
justo *(adj)* fair, just

K

kilo *(m)* kilo
kilómetro *(m)* kilometre

L

la the
lácteo *(adj)* dairy

al lado (de) beside, next to
lagartija (f) lizard
lámpara (f) lamp
lápiz (m) pencil
¡qué lástima! what a shame!
lata (f) tin
lavar (vb) to wash
leche (f) milk
lectura (f) reading
leer (vb) to read
lejos (de) far (from)
lengua (f) language
letra (f) letter (of the alphabet),
    handwriting
levantarse (vb) to get up
libre (adj) free
libro (m) book
lila (adj) lilac
limón (f) lemon
limonada (f) lemonade
limpiar (vb) to clean
limpio (adj) clean
liso (adj) straight (of hair)
listo (adj) ready; clever
llamarse (vb) to be called
llegada (f) arrival
llegar (vb) to arrive
llevar (vb) to wear; carry
llueve it's raining (llover to rain)
lo de ... that business about
Londres London
los the
luego then
lugar (m) place
lunes (m) Monday
luz (f) light

M

madrastra (f) stepmother
madre (f) mother
magnetofón (m) tape recorder
majo (adj) lovely, really nice
maleducado (adj) badly behaved
maleta (f) suitcase
malo (adj) bad; lo ~ the bad thing
manchego (adj)
    from the area of La Mancha
mandar (vb) to send
mano (f) hand
mantequilla (f) butter
mañana (f) morning, tomorrow
marido (m) husband
mariscos (mpl) seafood
marrón (adj) brown
marroquí (adj) Moroccan
Marruecos (m) Morocco
martes (m) Tuesday
marzo (m) March
más more
mayo (m) May
media (f) half

médico (m); médica (f) doctor
mediodía (m) midday
mejor (adj) better
mejorarse (vb) to improve
mellizo (m), melliza (f)
    non-identical twin
menos less
mensaje (m) message
mentira (f) lie, untruth
mercado (m) market
merengue (m) meringue, type of
    South American music
mermelada (f) jam
mes (m) month
mesa (f) table
mesilla (f) small table;
    ~ de noche bedside table
mezcla (f) mixture
mi my
mí me
miel (f) honey
miércoles (m) Wednesday
mirar (vb) to look at, watch
misa (f) Mass
mochila (f) rucksack, school bag
molesto (m) disturbance, nuisance
moneda (f) coin
monedero (m) purse
monje (m) monk
montaña (f) mountain
montar (vb) to climb;
    ~ a caballo to go horse-riding
montón (m) heap, load
morado (adj) dark red
moreno (adj) dark, brown (of hair)
moto(cicleta) (f) motorbike
movida (f) happening
mucho (adj) a lot, much
mueble (m) a piece of furniture
muela (f) tooth
mujer (f) woman, wife
museo (m) museum
muy very

N

nacimiento (m) birth
nacionalidad (f) nationality
nada nothing
¡de nada! don't mention it!
nadar (vb) to swim
naranja (f)(adj) orange
naranjada (f) fizzy orange drink
nariz (f) nose
natación (f) swimming
náuseas (fpl) nausea
necesitar (vb) to need
negro (adj) black
ni ... ni... neither ... nor
niebla (f) fog
nieve (f) snow
niño (m), niña (f) child

noche (f) night
nombre (m) (first) name
noreste (m) northeast
norirlandés (m) Northern Irish
norte (m) north
noticias (fpl) news
noviembre (m) November
novia (f) girlfriend
novio (m) boyfriend
nueces (fpl) nuts
nuestro (adj) our
nuevo (adj) new
número (m) number
nunca never

O

o or
ocasión (f) bargain
oculto (m) hidden
odiar (vb) to hate, loathe
oficina (f) office
ofrecer (vb) to offer
oído (m) ear, hearing
¡oiga! hey! listen! (form)
ojo (m) eye
ondulado (adj) wavy
opinar (vb) to think, have an opinion
orden (m) order
ordenador (m) computer
oscuro (adj) dark
otro (adj) another
¡oye! hey, listen! (fam)

P

padrastro (m) stepfather
padre (m) father
padres (mpl) parents
página (f) page
país (m) country
pájaro (m) bird
panadería (f) baker's
panecillo (m) bread roll
pañuelo de papel (m) tissue
papel (m) paper
paquete (m) packet
para for; in order to
me parece I think, it seems to me
parecido (adj) similar
pared (f) wall
pareja (f) partner, pair
parque (m) park
párrafo (m) paragraph
partido (m) match
pasado (m) past
pasar (vb) to pass, spend;
    pasarlo bien/mal
    to have a good/bad time
paseo (m) walk, stroll;
    ir de ~ to go for a walk
pastel(ito) (m) (little) cake
pastelería (f) cake shop

pastilla (f) tablet
patata (f) potato;
    patatas fritas (fpl) chips, crisps
patio (m) patio, playground
paz (f) peace
pedir (vb) to ask for
película (f) film
pelirrojo (adj) red-haired
pelo (m) hair
¡qué pena! what a shame!
pensar (vb) to think
peor (adj) worse
pequeño (adj) small
perder (vb) to lose
perdido (adj) lost
perdón excuse me
perezoso (adj) lazy
periquito (m) budgerigar
pero but
perrito caliente (m) hot dog
perro (m) dog
personaje (m) character
pesado (adj) boring, a pain
pesca (f) fishing
pescadería (f) fishmonger
pescado (m) fish (dead)
pesquero (adj) fishing
pez (m) fish (alive)
picadura (f) bite, sting
pie (m) foot
piel (f) skin, fur
pimienta (f) black pepper (spice)
pimiento (m) pepper (vegetable)
piña (f) pineapple
pintado (m) graffiti
pintar (vb) to paint
piragüismo (m) canoeing
piscina (f) swimming pool
piso (m) flat
pisto (m) vegetable stew
pizarra (f) board
planchar (vb) to iron
plato (m) dish
playa (f) beach
plaza (f) square
pluma (f) pen
pobre (adj) poor
pocilga (f) pigsty
poco (adj) little, few
poder (vb) to be able to, can
polideportivo (m) sports centre
polvo (m) dust
poner (vb) to put, set, lay
ponerse (vb) to put on
por for, by, multiplied by
¿por qué? why?
porque because
portugués (adj) Portuguese
postre (f) dessert
practicar (vb) to do, practise
precio (m) price

preferir (vb) to prefer
pregunta (f) question
preguntar (vb) to ask
preocupado (adj) worried
presentar (vb) to introduce
primero (adj) first
primo (m), prima (f) cousin
profesor (m), profesora (f) teacher
pronto soon
próximo (adj) next
publicidad (f) advert(ising)
pueblo (m) small town, village
puente (m) bridge
puerta (f) door
pues then, so
en punto on the dot
pupitre (m) desk

Q

que that, which, who
¿qué? what?
quedarse (vb) to stay
quehaceres (mpl) chores
queja (f) complaint
querer (vb) to like, love
querido (adj) dear
queso (m) cheese
quien who; ¿quién? who?
quiero I want
química (f) chemistry
quisiera I would like
quitar (vb) to take off/away, remove,
    ~ el polvo to dust

R

¡qué rabia! how annoying!
ración (f) portion
rápido quickly
raro (adj) rare, strange
un rato a (little) while
ratón (m) mouse
receta (f) recipe
recién recently
recoger (vb) to tidy up
todo recto straight ahead
recuerdo (m) souvenir
reformado (adj) renovated
refresco (m) a cool drink
regalo (m) present
regla (f) rule, ruler
regular (adj) all right, so-so
rellenar (vb) to fill in
reloj (m) watch, clock
reparar (vb) to repair
repaso (m) revision
respuesta (f) reply
retroproyector (m) projector
reunión (f) meeting
revista (f) magazine
rico (adj) rich, tasty
río (m) river

rizado (adj) curly
robar (vb) to rob
robo (m) robbery
rodilla (f) knee
rojo (adj) red
ropa (f) clothes
rosa (adj) pink
rosado (adj) pink
rotondo (m) roundabout
rotulador (m) felt-tip pen
rubio (adj) fair-haired
ruido (m) noise
ruidoso (adj) noisy

S

sábado (m) Saturday
saber (vb) to know (facts)
sacapuntas (m) pencil sharpener
sacar (vb) to take (out), get
sala (f) room;
    ~ de juego amusement arcade
salchicha (f) sausage
salchichón (m) salami-type sausage
salida (f) exit
salir (vb) to go out
salsa (f) sauce
salud (f) health
salón (m) living room;
    ~ de actos assembly hall
sangría (f) fruit and wine punch
sano (adj) healthy
sé I know;
    no lo ~ I don't know
sed (f) thirst;
    tener ~ to be thirsty
en seguida straightaway
según according to
segundo (adj) second
seguro (adj) certain, sure
semáforos (mpl) traffic-lights
semana (f) week
sencillo (adj) simple, single
señor Mr.
señora Mrs.
señorita Miss
¡siéntate! (fam) sit down!
¡sentaos! (fam pl) sit down!
ser (vb) to be
serio (adj) serious
serpiente (f) snake
serrano (adj) from the mountain
si if
sí yes
siempre always
lo siento I'm sorry
sierra (f) mountain (range)
siguiente (adj) following
silla (f) chair
simpático (adj) nice, kind
sitio (m) place
sobrar to be left over

sobre on, on top of
soja *(f)* soya
solamente only
soler *(vb)* to be accustomed to
solo *(adj)* alone
sólo only
sopa *(f)* soup
sorpresa *(f)* surprise
subir *(vb)* to go up, get into
subrayado *(adj)* underlined
sucio *(adj)* dirty
suelo *(m)* floor, ground
suerte *(f)* luck
supermercado *(m)* supermarket
suroeste *(m)* south-west
su his, her, your

T
¿qué tal? how are things?
taladradora *(f)* hole-punch
talla *(f)* size, build
también also
tampoco neither
tapas *(fpl)* appetizers
tarde late;
    más ~ later
tarde *(f)* afternoon, evening
tarjeta *(f)* card
tebeo *(m)* comic
tema *(m)* theme, topic
temprano early
tener *(vb)* to have
tercero *(adj)* third
terminar *(vb)* to finish
ternera *(f)* veal
terraza *(f)* terrace
ti you
tía *(f)* aunt
tiempo *(m)* time, weather;
    ¿qué ~ hace? what's the weather like?
tienda *(f)* shop
tímido *(adj)* shy
tinto *(adj)* red (of wine)

tío *(m)* uncle
tirita *(f)* sticking plaster
me toca a mí it's my turn
te toca a ti it's your turn
tocar *(vb)* to play (an instrument),
    to touch
todo *(adj)* all, every
    ¿es todo? is that all?
tomar *(vb)* to take, have;
    ~ el sol to sunbathe
tonto *(adj)* silly
torcer *(vb)* to turn
tormenta *(f)* storm
tortilla *(f)* omelette
tortuga *(f)* tortoise
tostada *(f)* slice of toast
trabajador *(adj)* hard-working
trabajar *(vb)* to work
traer to bring
    ¿nos trae ...? can you bring
    us ...?
tranquilo *(adj)* quiet
trigo *(m)* wheat
triste *(adj)* sad
trozo *(m)* piece, slice
trucha *(f)* trout
tu your
tú you *(fam)*
tuerce *(fam)* turn
tutor *(m)(f)* form tutor

U
un, una a
único *(adj)* only
usted(es) you *(form)*
útil *(adj)* useful
utilizar *(vb)* to use

V
vacaciones *(fpl)* holidays
vale OK, agreed
vale-regalo *(m)* gift token
valiente *(adj)* brave

a veces sometimes
vegetal *(adj)* vegetable, salad
vender *(vb)* to sell
venir *(vb)* to come
ventana *(f)* window
ver *(vb)* to see;
    ~ la tele to watch TV
verano *(m)* summer
de veras truly
verdad *(f)* truth
verdadero *(adj)* true
verde *(adj)* green
verdulería *(f)* green grocer's
verduras *(fpl)* green vegetables
verificar *(vb)* to check
vestuario *(m)* cloakroom
vez *(f)* time, occasion
viajar *(vb)* to travel
viaje *(m)* journey
vida *(f)* life
videoclub *(m)* video-hire shop
viento *(m)* wind;
    hace ~ it's windy
viernes *(m)* Friday
vino *(m)* wine
vivir *(vb)* to live
voleibol *(m)* volleyball
volver *(vb)* to return
vosotros you *(fam) (mpl)*
voz *(f)* voice
vuelo *(m)* flight
vuelta *(f)*; dar una ~
    to go for a walk

Y
y and
ya already
yo I
yogur *(m)* yogurt

Z
zanahoria *(f)* carrot
zumo *(m)* juice

Vocabulario Inglés – Español

A

a un, una *(Gr 2)*
to be able to poder (ue) *(vb) (Gr 12)*
abroad extranjero *(m)*;
   to go ~ ir al extranjero
absent no está
absent-minded despistado
to be accustomed soler (ue) *(vb) (Gr 12)*
address dirección *(f)*, señas *(fpl)*
after después *(de)*
afternoon tarde *(f)*;
   in the ~ por la tarde
again otra vez
ago hace;
   two years ~ hace dos años
air-conditioning aire acondicionado *(m)*
all todo *(adj) (Gr 6)*
allergic alérgico *(adj) (Gr 6)*
alone solo *(adj) (Gr 6)*
along por
also también
amusement arcade sala *(f)* de juegos
and y, e
ankle tobillo *(m)*
another otro *(adj) (Gr 6)*
to answer contestar *(vb)*
any alguno *(adj) (Gr 6)*
anything algo;
   ~ else? ¿algo más?
appointment cita *(f)*:
to make an ~ with pedir hora para …
April abril
area zona *(f)*, (of town) barrio *(m)*
arm brazo *(m)*
armchair butaca *(f)*
around alrededor *(de)*
to arrive llegar *(vb)*
art dibujo *(m)*; ~ gallery museo *(m)*
   de bellas artes
as como
to ask for pedir (i) *(vb)*
assembly reunión *(f)*;
   ~ hall salón de actos *(m)*
at (place) en
at (time) a
(to do) athletics (hacer) atletismo *(m)*
August agosto *(m)*
autumn otoño *(m)*
avenue avenida *(f)*
away (distance) a … (metros,
   kilómetros) de
awful fatal *(adj) (Gr 6)*

B

at the back por detrás
bad malo *(adj) (Gr 6)*,
   the ~ thing lo malo
baker's panadería *(f)*

balcony balcón *(m)*
bald calvo *(adj) (Gr 6)*
basement sótano *(m)*
bath baño *(m)*:
   to have a ~ bañarse *(vb) (Gr 13)*
bathroom cuarto *(m)* de baño
to be estar *(vb)*, ser *(vb) (Gr 11, 21)*
beach playa *(f)*
beard barba *(f)*
beautiful (person) guapo (thing,
   place) bonito, precioso *(adj) (Gr 6)*
because porque
bed cama *(f)*;
   to go to ~ acostarse (ue) *(vb) (Gr 13)*
bedroom dormitorio *(m)*
bedside table mesilla *(f)* de noche
to begin empezar (ie),
   comenzar (ie) *(vb) (Gr 12)*
behind detrás *(de)*
below debajo *(de)*
beside al lado *(de)*
better mejor *(adj) (Gr 6)*
between entre
bicycle bici(cleta) *(f)*
big grande *(adj) (Gr 6)*
bill cuenta *(f)*
birthday cumpleaños *(m)*
bite picadura *(f)*
black negro *(adj) (Gr 6)*
blister ampolla *(f)*
block bloque *(m)*
blue azul *(adj) (Gr 6)*
board pizarra *(f)*
boat barco *(m)*
body cuerpo *(m)*
book libro *(m)*
bookcase estantería *(f)*
boring aburrido *(adj) (Gr 6)*
bottle botella *(f)*
bowling alley bolera *(f)*
box caja *(f)*
boy chico *(m)*
bread pan *(m)*; ~ roll panecillo *(m)*
break recreo *(m)*, descanso *(m)*
breakfast desayuno *(m)*:
   to have ~ desayunar *(vb)*
bridge puente *(m)*
to bring traer *(vb)*
brother hermano *(m)*;
   brothers and sisters hermanos *(mpl)*
brown marrón *(adj) (Gr 6)*
to brush (hair) peinarse *(vb) (Gr 13)* ;
   ~ one's teeth lavarse los dientes
building edificio *(m)*
bus autobús *(m)*
but pero, sino
to buy comprar *(vb)*
by en, por; ~ car en coche

C

CAD (Computer Aided Design) DAO
   (Diseño Asistido por Ordenador)*(m)*
cake pastel *(m)*;
   ~ shop pastelería *(f)*
calculator calculadora *(f)*
to be called llamarse *(vb) (Gr 13)*
campsite camping *(m)*
can poder (ue) *(vb) (Gr 12)*
canoeing piragüismo *(m)*;
   to go ~ hacer piragüismo
canteen cantina *(f)*
cards cartas *(fpl)*, naipes *(mpl)*
carpet moqueta *(f)*
to carry (on) seguir (i) *(vb) (Gr 12)*;
   ~ straight on siga todo recto
to catch coger *(vb)*
CD disco compacto *(m)*
CDT trabajos manuales *(mpl)*
to celebrate celebrar *(vb)*
central céntrico *(adj)*, central *(adj) (Gr 6)*;
   ~ heating calefacción *(f)* central
centre centro *(m)*
chair silla *(f)*
to change cambiar *(vb)*
to chat charlar *(vb)*
cheap barato *(adj) (Gr 6)*
cheese queso *(m)*
chemist's farmacia *(f)*,
   droguería (not medicines)
chemistry química *(f)*
chess ajedrez *(m)*
chest (body) pecho *(m)*;
   ~ of drawers cómoda *(f)*
child niño *(m)*, niña *(f)*
chips patatas fritas *(fpl)*
chores quehaceres *(fpl)*
cinema cine *(m)*
city ciudad *(f)* grande
classroom aula *(f)*
clean limpio *(adj)*
to clean limpiar *(vb)*
to clear the table quitar *(vb)* la mesa
climbing alpinismo *(m)*;
   to go ~ hacer alpinismo
cloakroom vestuario *(m)*
to close cerrar (ie) *(vb) (Gr 12)*
closed cerrado *(adj) (Gr 6)*
clothes ropa *(f)*
coach autocar *(m)*
coast costa *(f)*
coffee café *(m)*, white ~ café con
   leche; black ~ café solo
cold frío *(m)*, frío *(adj)*;
   to be ~ (person) tener frío;
   (weather) hacer frío;
   to have a ~ tener un catarro
to come venir (ie) *(vb) (Gr 11)*

come in   pasa *(tú)* pase *(Ud.)*
comfortable   cómodo *(adj) (Gr 6)*
computer   ordenador *(m)*;
   ~ studies   informática *(f)*
concert   concierto *(m)*
contact lenses   lentillas *(fpl)*
to cook   guisar, cocinar *(vb)*
corner (of street)   esquina *(f)*;
   (of room)   rincón *(m)*
correct   correcto *(adj) (Gr 6)*
to cost   costar (ue) *(vb) (Gr 12)*,
   how much does it ~ ?
   ¿cuánto cuesta / es?
cough   tos *(m)*
country   país *(m)*
countryside   campo *(m)*
of course   claro
course   cursillo *(m)*; as a first/second ~
   de primer / segundo plato
cousin   primo *(m)*, prima *(f)*
cream (dairy)   nata *(f)*;
   antiseptic ~   crema antiséptica *(f)*
crisps   patatas fritas *(fpl)*
croissant   cruasán *(m)*
to cross   cruzar *(vb)*;
   ~ the square   cruce *(form)* la plaza
cupboard   armario *(m)*
curly   rizado *(adj) (Gr 6)*
curtains   cortinas *(fpl)*
cycling   ciclismo *(m)*;
   to go ~   hacer ciclismo

D

dance   baile *(m)*
to dance   bailar *(vb)*
dangerous   peligroso *(adj) (Gr 6)*
dark   oscuro *(adj) (Gr 6)*
date   fecha *(f)*;
   what's the ~?   ¿qué fecha es?
day   día *(m)*
dear   querido *(adj)*,
   (expensive)   caro *(adj) (Gr 6)*
December   diciembre *(m)*
delicatessen   charcutería *(f)*
delicious   rico *(adj)*, delicioso *(adj)(Gr 6)*
department store   grandes almacenes *(mpl)*
depressed   deprimido *(adj) (Gr 6)*
dessert   postre *(m)*;
   for ~   de postre
detached house   chalé *(m)*
diary   agenda *(f)*
dictionary   diccionario *(m)*
difficult   difícil *(adj) (Gr 6)*
dining-room   comedor *(m)*
dinner   cena *(f)*; to have ~   cenar *(vb)*
dirty   sucio *(adj) (Gr 6)*
divorced   divorciado *(adj) (Gr 6)*
to do   hacer *(vb) (Gr 11, 21)*
to do, practise   practicar *(vb)*
door   puerta *(f)*
downstairs   abajo

drama   teatro *(m)*
to get dressed   vestirse (i) *(vb) (Gr 13)*
drink   bebida *(f)*,
   a cool ~   un refresco *(m)*,
   a crushed ice ~   un granizado *(m)*
to drink   beber *(vb)*
to dust   quitar / limpiar *(vb)* el polvo

E

each   cada *(inv) (Gr 14)*
ear   oído **(hearing)** *(m)*, oreja *(f)*
early   temprano
to earn   ganar *(vb)*
east   este *(m)*
easy   fácil *(adj)*
to eat   comer *(vb)*
by e-mail   por correo electrónico
at the end of (the street)   al final de (la calle)
England   Inglaterra *(f)*
English   inglés *(adj)*; lengua y
   literatura *(f)* (school subject)
to enjoy oneself   pasarlo bien/bomba
entertainment   diversión *(f)*
entrance   entrada *(f)*
exercise   ejercicio *(m)*;
   to take/do ~   hacer ejercicio
to explain   explicar *(vb)*
to explore   explorar *(vb)*
evening   tarde *(f)*;
   in the ~   por la tarde
every   todo *(adj) (Gr 6)*
everywhere   por todas partes
exam   examen *(m)*
excited   ilusionado *(adj) (Gr 6)*
exciting how ~   ¡qué ilusión!
excuse me   perdone
exercise book   cuaderno *(m)*
expensive   caro *(adj) (Gr 6)*
extrovert   extrovertido *(adj) (Gr 6)*
eye   ojo *(m)*

F

face   cara *(f)*
facilities   instalaciones *(fpl)*;
   sports ~   instalaciones deportivas
fair (-haired)   rubio *(adj) (Gr 6)*
fairly, quite   bastante
family   familia *(f)*
far (from)   lejos (de);
   is (it) ~?   ¿está lejos?;
   how ~ is (it)?   ¿a qué distancia está?
   as ~ as   hasta
farm   finca *(f)*
father   padre *(m)*
February   febrero *(m)*
to feel   sentirse (ie) *(vb) (Gr 13)*;
   I don't ~ well   no me
   siento / encuentro bien
to feel like   tener ganas de *(vb)*
felt-tip pen   rotulador *(m)*
fever   fiebre *(f)*;

hay ~   fiebre *(f)* del heno
film   película *(f)*
to find   encontrar (ue) *(vb) (Gr 13)*
fine!   ¡muy bien!
to finish   terminar *(vb)*
first   primero *(adj) (Gr 6)*
first name   nombre *(m)*
fish (dead)   pescado *(m)*;
   (alive)   pez *(m)*
fishing   pesca *(f)*;
   to go ~   ir de pesca
fishmonger's   pescadería *(f)*
fit   en forma;
   to keep/stay ~   estar en forma
to fix   arreglar *(vb)*
fizzy   con gas
flat   piso *(m)*, apartamento *(m)*
floor   suelo *(m)*; planta *(f)*;
   ground ~   planta baja
flower   flor *(f)*
folder   carpeta *(f)*
food   comida *(f)*
foot   pie *(m)*;
   on ~   a pie, andando
football   fútbol *(m)*;
   to play ~   jugar al fútbol
for   para; por
to forget   olvidarse (de) *(vb) (Gr 13)*,
   I've forgotten   se me ha olvidado
fork   tenedor *(m)*
form-period   tutoría *(f)*
France   Francia *(f)*
freckles   pecas *(fpl)*
free   gratis, gratuito
free time   tiempo libre *(m)*,
   ratos libres *(mpl)*
French   francés *(adj) (Gr 6)*
fresh   fresco *(adj) (Gr 6)*
Friday   viernes *(m)*
friend   amigo *(m)*, amiga *(f)*
from   de, desde
in front (of)   delante (de)
fruit   fruta *(f)*;
   ~ juice   zumo *(m)* de fruta
fruit/veg shop   frutería *(f)*; verdulería *(f)*
full   lleno *(adj)*, completo *(adj) (Gr 6)*
fun   diversión *(f)*, divertido *(adj) (Gr 6)*
fur   piel *(f)*
furnished   amueblado *(adj) (Gr 6)*
furniture (item)   mueble *(m)*

G

garage   garaje *(m)*
garden   jardín *(m)*
in general   en general
generous   generoso *(adj) (Gr 6)*
geography   geografía *(f)*
German   alemán *(adj) (Gr 6)*
Germany   Alemania *(f)*
to get to   ir a; how do you ~?
   ¿para ir a? ¿por dónde se va a?

to **get up** levantarse *(vb) (Gr 13)*
girl chica *(f)*
to **give** dar *(vb)*;
    can you ~ me? ¿me da?
glasses gafas *(fpl)*
to **go** ir *(vb) (Gr 11, 21)*;
    to ~ home volver *(vb)* a casa
to **go down** bajar *(vb)*
to **go out** salir *(vb) (Gr 11)*
to **go up** subir *(vb)*
gold oro *(m)*
good bueno *(adj) (Gr 6)*;
    the ~ thing lo bueno
good-looking guapo *(adj) (Gr 6)*
graffiti pintada *(f)*
green verde *(adj) (Gr 6)*;
    ~ grocer's verdulería *(f)*;
    ~ spaces lugares verdes *(mpl)*
grey gris *(adj) (Gr 6)*
group (of friends) pandilla *(f)*
gymnasium gimnasio *(m)*
gymnastics gimnasia *(f)*;

H

hair pelo *(m)*
half mitad *(f)*, medio *(adj) (Gr 6)*;
    ~ past two las dos y media
hall entrada *(m)*, vestíbulo *(m)*
ham jamón *(m)*
hand mano *(f)*
handsome guapo *(adj) (Gr 6)*
happy feliz, contento *(adj) (Gr 6)*
hard-working trabajador *(adj) (Gr 6)*
to **hate** odiar *(vb)*
to **have** tener (ie) *(vb) (Gr 11)*
to **have to** tener que (ie) *(vb) (Gr 11)*
you **have to** hay que *(Gr 23)*
hay fever fiebre *(f)* del heno
he él *(Gr 9)*
head cabeza *(f)*
healthy sano *(adj) (Gr 6)*
heating calefacción *(f)*
hello hola
to **help** ayudar *(vb)*;
    can I ~ you? ¿en qué puedo
    servirle? , ¿qué desea?
her su *(Gr 7)*
here aquí
hey! ¡oye! *(fam)*, ¡oiga! *(form)*
to **hire** alquilar *(vb)*
his su *(Gr 7)*
history historia *(f)*
holidays vacaciones *(fpl)*;
    on ~ de vacaciones
at **home** en casa
homework deberes *(mpl)*
honest honesto, honrado *(adj) (Gr 6)*
horse-riding equitación *(f)*;
    to go ~ hacer equitación, montar
    a caballo
hot caliente; **to be ~** tener calor;

it is ~ hace calor
house casa *(f)*;
    detached ~ chalé/chalet *(m)*;
    semi-detached ~ casa doble *(f)*;
    terraced ~ casa adosada *(f)*
hovercraft aerodeslizador *(m)*
how? ¿cómo?
how long? ¿cuánto tiempo?
how many? ¿cuántos/as? *(adj) (Gr 6)*
how much? ¿cuánto/a? *(adj) (Gr 6)*
to be **hungry** tener *(vb)* hambre
to **hurt** doler (ue) *(vb) (Gr 12)*,
    (my head) hurts (me)
    me duele (la cabeza)

I

I yo
ice hielo *(m)*; **~ rink** pista *(f)* de hielo
ID card carné *(m)* de identidad
if si
immediately en seguida
important importante *(adj) (Gr 6)*
to **improve** mejorar *(vb)*
in en
industry industria *(f)*
inside dentro (de)
intelligent inteligente *(adj) (Gr 6)*
to be **interested in** interesarse en *(vb) (Gr15)*
interview entrevista *(f)*
to **introduce (to)** presentar (a) *(vb)*
Ireland Irlanda *(f)*;
    Northern ~ Irlanda del Norte,
    Republic of ~ Irlanda del Sur
to **iron** planchar *(vb)*
to **irritate** irritar, fastidiar *(vb)*
island isla *(f)*
it lo/la *(Gr 16)*
IT informática *(f)*

J

jam mermelada *(f)*
January enero *(m)*
jar bote *(m)*
jeweller's joyería *(f)*, bisutería *(f)*
job empleo *(m)*
journey viaje *(m)*
juice zumo *(m)*;
    orange ~ zumo de naranja
June junio *(m)*
July julio *(m)*

K

key llave *(f)*
keyboard teclado *(m)*
kilo kilo *(m)* (de)
kilometre kilómetro *(m)*
kind amable, simpático *(adj) (Gr 6)*
kiosk quiosco *(m)*
kitchen cocina *(f)*
knee rodilla *(f)*
knife cuchillo *(m)*

L

laboratory laboratorio *(m)*
lamp lámpara *(f)*
language idioma *(m)*
last último *(adj) (Gr 6)*
at **last** por fin, finalmente
to **last** durar *(vb)*
last week la semana pasada
late tarde
laundry lavandería *(m)*
to **lay** poner *(vb) (Gr 11)*;
    ~ the table poner la mesa
lazy perezoso *(adj) (Gr 6)*
to **learn (to)** aprender (a) *(vb)*
at **least** por lo menos
leather cuero *(m)*
to **leave (go out)** salir *(vb) (Gr 36)*;
    (an object, school) dejar
on the **left** a la izquierda
to be **left** quedar *(vb)*;
    there are none ~ no quedan
leg pierna *(f)*
lemon limón *(m)*
less menos
lesson clase *(f)*
let me permítame
letter carta *(f)*,
    (of alphabet) letra *(f)*
life vida *(f)*
lift ascensor *(m)*
light luz *(f)*
light-coloured claro *(adj) (Gr 6)*
I'd like quisiera
to **like** gustar *(vb) (Gr 15)*
to **like/love** querer *(vb)*
lilac lila *(adj) (Gr 6)*
list lista *(f)*
to **listen to** escuchar *(vb)*
litter basura *(f)*
little poco;
    a ~ un poco
to **live** vivir *(vb)*
lively animado *(adj) (Gr 6)*
living room salón *(m)*
loads of un montón de
London Londres
long largo *(adj)*
to **look after** cuidar a *(vb)*
to **look at** mirar *(vb)*
to **look for** buscar *(vb)*
to **lose** perder (ie) *(vb) (Gr 12)*
lost perdido *(adj)*;
    I've ~ ... he perdido ...
a **lot** mucho
lounge salón *(m)*
to **love (e.g. food)** chiflar,
    encantar *(vb) (Gr 15)*
how **lucky!** ¡qué suerte!
lunch comida *(f)*;
    to have ~ comer;
    ~ time hora de comer *(f)*

M

to **make** hacer *(vb)*;
    (s/he) makes us nos hace
many muchos/as *(adj) (Gr 6)*
map mapa *(m)*
March marzo *(m)*
market mercado *(m)*
married casado *(adj) (Gr 6)*
marvellous estupendo,
    maravilloso *(adj) (Gr 6)*
match (sport) partido *(m)*
mathematics matemáticas *(fpl)*
matter: it doesn't ~ no importa
me me *(Gr 17, 18)*
to **mean: what does ... mean?**
    ¿qué significa ...?
medical room enfermería *(f)*
medium mediano *(adj)*;
    ~ height de estatura media
to **meet** reunirse *(vb)*;
    (get to know) conocer a *(vb) (Gr 11)*;
    where shall we ~ ?
    ¿dónde nos vemos?
menu menú *(m)*, carta *(f)*;
    ~ of the day menú del día
message recado *(m)*
milk leche *(f)*;
    ~ shake batido *(m)*
mineral water agua mineral *(f)*
mixture mezcla *(f)*
modern moderno *(adj) (Gr 6)*
Monday lunes *(m)*
money dinero *(m)*
month mes *(m)*
monument monumento *(m)*
more más
morning mañana *(f)*;
    in the ~ por la mañana
mother madre *(f)*
motorbike moto(cicleta) *(f)*
mountain montaña *(f)*, sierra *(f)*
moustache bigote *(m)*
mouth boca *(f)*
music música *(f)*
my mi, mis *(Gr 7)*

N

name nombre *(m)*
my name is me llamo
nationality nacionalidad *(f)*
near (to) cerca (de)
to **need** necesitar *(vb)*
neighbourhood barrio *(m)*
neither tampoco;
    ~ ... nor ni ... ni ...*(Gr 19)*
nephew sobrino *(m)*
nervous nervioso *(adj) (Gr 6)*
never nunca, jamás *(Gr 19)*
new nuevo *(adj) (Gr 6)*
news noticias *(fpl)*
newspaper periódico *(m)*

next, then luego, entonces
next to al lado de, junto a
nice simpático, amable *(adj) (Gr 6)*
niece sobrina *(f)*
night noche *(f)*; **at ~** por la noche;
    good ~ buenas noches
no no
no-one nadie *(Gr 19)*
noise ruido *(m)*
noisy ruidoso *(adj) (Gr 6)*
normally normalmente
north norte *(m)*;
    ~east noreste *(m)*,
    ~west noroeste *(m)*
nose nariz *(f)*
note, banknote billete *(m)*
nothing nada *(Gr 19)*;
    ~ else nada más
November noviembre *(m)*
now ahora
number número *(m)*

O

o'clock: it's one ~ es la una;
    it's two ~ son las dos
October octubre *(m)*
of de *(Gr 5)*
office despacho *(m)*
oil aceite *(m)*
OK vale, de acuerdo
old antiguo *(adj)*, viejo *(adj) (Gr 6)*
older mayor *(adj) (Gr 6)*
omelette tortilla *(f)*
on en, sobre; **~ (Monday)** el (lunes)
once una vez
onion cebolla *(f)*
only solamente, sólo, único *(adj) (Gr 6)*;
    ~ son hijo único *(m)*,
    ~ daughter hija única *(f)*
to **open** abrir *(vb)*
opposite enfrente (de)
optimistic optimista *(adj) (Gr 6)*
or o, u *(Gr 26)*
orange naranja *(f)*, naranja *(adj)(Gr 6)*
orangeade naranjada *(f)*
to **organise** organizar *(vb)*
other, another otro *(adj) (Gr 6)*
ought to deber *(vb) (Gr 23)*
our nuestro *(adj) (Gr 7)*
outskirts afueras *(fpl)*
to **owe** deber *(vb)*;
    how much do I ~ you?
    ¿cuánto le *(form)* debo?

P

packet paquete *(m)*
pain (in) dolor (de) *(m)*
painted (in) pintado *(adj) (de)*
paper papel *(m)*
parents padres *(mpl)*
park parque *(m)*

party fiesta *(f)*
to **pay** pagar *(vb)*
pencil lápiz *(m)*;
    ~ case estuche *(m)*
    ~ sharpener sacapuntas *(m)*,
penfriend amigo/a por correspondencia
people gente *(f)*
pepper (black) pimienta *(f)*;
    (vegetable) pimiento *(m)*
per por,
    ~ week por semana, a la semana
pessimistic pesimista *(adj) (Gr 6)*
photo foto *(f)*
physical físico;
    ~ appearance físico *(m)*
physics física *(f)*
piano piano *(m)*
pigsty pocilga *(f)*
pink rosa *(adj) (Gr 6)*
place lugar *(m)*, sitio *(m)*
plan (street) plano *(m)*
plane avión *(m)*
plaster tirita *(f)*
to **play (instrument)** tocar *(vb) (G 41)*;
    (sport) jugar a *(vb)*
playground patio *(m)*
pleasant agradable *(adj) (Gr 6)*
please por favor
pleased contento *(adj) (Gr 6)*
plump gordito *(adj)*
polite educado *(adj) (Gr 6)*
poor pobre *(adj) (Gr 14)*
port puerto *(m)*
post correo *(m)*;
    ~ office Correos
postcard postal *(f)*
poster póster *(m)*
pottery cerámica *(f)*
to **prefer** preferir *(vb) (Gr 12)*
to **prepare** preparar *(vb)*
present! here! ¡yo! ¡sí!
present regalo *(m)*
pretty (things) bonito *(adj)*,
    (people) guapo *(adj) (Gr 6)*
projector retroproyector *(m)*
PSHE ética *(f)*
pupil alumno *(m)*, alumna *(f)*
purse monedero *(m)*
to **put** poner *(vb) (Gr 11)*

Q

quarter past (time) y cuarto
quarter to (time) menos cuarto
quiet, peaceful tranquilo *(adj) (Gr 6)*
quiet, reserved callado *(adj) (Gr 6)*
quite, fairly bastante

R

rather, quite bastante
to **read** leer *(vb) (Gr 21)*

to recommend recomendar (ie) (vb);
    what do you ~?
      ¿qué me recomienda?
red rojo (adj) (Gr 6),
    ~ haired pelirrojo (adj) (Gr 6)
region región (f)
to register pasar lista (vb)
to relax relajarse (vb) (Gr 13)
to repair reparar (vb)
to repeat repetir (i) (vb) (Gr 12)
reply respuesta (f)
to reply contestar (vb)
to rest descansar (vb)
to return volver (vb) (Gr 12)
to revise repasar (vb)
reward recompensa (f)
on the right a la derecha
room habitación (f)
roundabout rotonda (f)
rubbish basura (f);
    to take out the ~ sacar la basura
rucksack mochila (f)
rug alfombra (f)
ruler regla (f)
to run correr (vb)

S

sad triste
sailing vela (f);
    to go ~ hacer vela
salad ensalada (f)
salt sal (f)
same mismo (adj) (Gr 6)
sandwich bocadillo (m)
sardine sardina (f)
Saturday sábado (m)
sauce salsa (f)
sausage salchicha (f);
    salami-type ~ salchichón (m);
    spicy ~ chorizo (m)
to say decir (vb) (Gr 11);
    how do you ~ ¿cómo se dice?
school instituto (m), escuela (f)
sciences ciencias (fpl)
Scotland Escocia (f)
Scottish escocés (adj) (Gr 6)
season estación (f)
second segundo (adj) (Gr 6)
to see ver (vb) (Gr 11)
selfish egoísta (adj) (Gr 6)
to sell vender (vb)
to send enviar, mandar (vb)
sentence frase (f)
separated separado (adj) (Gr 6)
serious serio (adj) (Gr 6)
to set poner (vb) (Gr 11)
to share compartir (vb)
she ella (Gr 9)
shop tienda (f)
shopping centre centro (m) comercial
to go shopping ir (vb) de compras

short bajo (adj), corto (adj)
to shout gritar (vb)
show espectáculo (m)
shower ducha (f)
shy tímido (adj) (Gr 6)
to feel sick tener náuseas
silly tonto (adj) (Gr 6)
to sing cantar (vb)
single (unmarried) soltero (adj) (Gr 6)
sister hermana (f)
to sit down sentarse (ie) (vb) (Gr 13);
    sit down! ¡siéntate! (fam),
    ¡siéntese! (form)
to ski esquiar (vb)
skiing esquí (m);
    to go ~ practicar el esquí
skin piel (f)
to sleep dormir (ue) (vb) (Gr 12)
slim delgado (adj)
slowly despacio, lentamente
small pequeño (adj)
to smoke fumar (vb)
snake serpiente (f)
so, then entonces
some unos, unas (Gr 2)
song canción (f)
sorry sentir(lo) (ie) (vb) (Gr 37);
    I'm ~ lo siento
souvenir recuerdo (m)
spacious amplio (adj) (Gr 6)
Spain España (f)
Spanish español (m)
to speak hablar (vb)
to spell deletrear (vb);
    how do you ~ it?
    ¿cómo se escribe / deletrea?
spoon cuchara (f)
sport deporte (m)
spring primavera (f)
square plaza (f)
stadium estadio (m);
    football ~ estadio de fútbol
station estación (f)
to stay quedarse (vb) (Gr 13)
stepbrother hermanastro (m)
stepfather padrastro (m)
stepmother madrastra (f)
stepsister hermanastra (f)
sting picadura (f)
stomach estómago (m)
store los grandes almacenes (mpl)
straight (-haired) liso (adj.)
straightaway en seguida
street calle (f)
stressed estresado (adj) (Gr 6)
stroll una vuelta;
    to go for a ~ dar una vuelta
strong fuerte (adj) (Gr 6)
to study estudiar (vb)
stupid tonto, estúpido (adj) (Gr 6)
subject asignatura (f)

suitcase maleta (f)
summer verano (m)
sun sol (m)
to sunbathe tomar (vb) el sol
supermarket supermercado (m)
surname apellido (m)
to swim nadar (vb),
    hacer natación (vb) (Gr 6)
swimming pool piscina (f)
syrup jarabe (m)

T

table mesa (f);
    to set / clear the ~
    poner / quitar la mesa
tablet pastilla (f)
to take (food) tomar (vb);
    ~ the street … tome / coge la calle …
to take out sacar (vb)
talkative hablador (adj) (Gr 6)
tall alto (adj) (Gr 6)
to taste, try probar (ue) (Gr 12)
tasty rico (adj) (Gr 6)
tea té (m); black ~ té solo
teacher profesor/a (m/f)
telephone teléfono (m)
to telephone telefonear, llamar (por
    teléfono) (vb)
television tele(visión) (f);
    ~ set televisor (m)
to tell decir (vb) (Gr 11)
temperature fiebre (f)
tennis tenis (m);
    ~ court pista de tenis (f)
terrace terraza (f)
terrific fenomenal (adj) (Gr 6)
the el, la, los, las (Gr 3)
theatre (m) teatro (m)
them los, las, les (Gr 16, 17)
theme park parque (m) de
    atracciones
then luego, entonces
there allí, ahí
there is/are hay (Gr 23)
they ellos, ellas (Gr 9)
thing cosa (f)
third tercero (adj) (Gr 6)
to be thirsty tener sed
throat garganta (f)
through por
Thursday jueves (m)
to tidy recoger (vb) (Gr 11)
time hora (f); tiempo (m);
    to have a good / bad ~
    pasarlo bien / mal
    at what ~? ¿a qué hora?;
    on ~ a tiempo
timetable horario (m)
to a (Gr 5)
to (clock times) menos
today hoy

toilet servicio *(m)*, aseo *(m)*
tomato tomate *(m)*
tomorrow mañana;
    ~ **morning** mañana por la mañana
tonight esta noche
too, too much demasiado *(adj) (Gr 6)*
tooth muela *(f)*, diente *(m)*
tourist turístico *(adj) (Gr 6)*
towards hacia
tower block torre *(f)*
town ciudad *(f)*
traffic tráfico *(m)*
traffic lights semáforos *(mpl)*
trip excursión,
    to go on a ~ ir de excursión:
truant: to play ~ hacer *(vb)* novillos
to try probar (ue) *(vb) (Gr 12)*
tube tubo *(m)*
to turn torcer (ue) *(Gr 12)*;
    ~ **left** tuerza *(form)* a la izquierda
twice dos veces
twin gemelo/a; mellizo/a
type tipo *(m)*
typical típico *(adj) (Gr 6)*

U

ugly feo *(adj) (Gr 6)*
uncle tío *(m)*
uncomfortable incómodo *(adj) (Gr 6)*
under debajo (de)
to understand entender (ie) *(vb) (Gr 12)*,
    I don't ~ no entiendo
unfriendly antipático *(adj) (Gr 6)*
unpleasant desagradable *(adj)*
until hasta
upstairs arriba
us nosotros *(Gr 9)*, nos *(Gr 17)*
to use usar *(vb)*, utilizar *(vb)*
usually normalmente
utility room lavadero *(m)*

V

to vacuum-clean pasar *(vb)* la aspiradora
valley valle *(f)*
vegetarian vegetariano *(adj)*;
    for vegetarians para vegetarianos
very muy
video vídeo *(m)*
video game videojuego *(m)*
village pueblo *(m)*
vinegar vinagre *(m)*
to visit visitar *(vb)*

W

waiter camarero *(m)*
waitress camarera *(f)*
Wales Gales *(m)*
walk paseo *(m)*; **to go for a ~**
    dar un paseo, dar una vuelta
to walk andar, ir a pie *(vb)*
wall pared *(f)*
to want querer *(vb) (Gr 12)*
wardrobe guardarropa *(m)*
to wash lavar *(vb)*;
    ~ **the dishes** lavar / fregar los platos
washbasin lavabo *(m)*
to get washed lavarse *(vb) (Gr 13)*
watch reloj *(m)*
to watch mirar; **to ~ TV** ver la tele
water agua *(f)*;
    mineral ~ agua mineral
no way! ¡ni hablar!
to wear llevar *(vb)*
weather tiempo *(m)*;
    what's the ~ like?
    ¿qué tiempo hace?
Wednesday miércoles *(m)*
week semana *(f)*
welcome bienvenido *(adj) (Gr 6)*
well bien
well-built fuerte

Welsh galés *(adj) (Gr 6)*
what que; **what?** ¿qué?, ¿cómo?
when cuando; **when?** ¿cuándo?
where donde; **where?** ¿dónde?
    ~ **to?** ¿adónde?
which lo que, cual; **which?** ¿cuál?
white blanco *(adj) (Gr 6)*
who? ¿quién?
why? ¿por qué?
to win ganar *(vb)*
window ventana *(f)*
to windsurf hacer windsurf *(m)*
wine vino *(m)*;
    ~ **list** lista *(f)* de vinos
winter invierno *(m)*
with con; ~ **me** conmigo,
    ~ **you** contigo
without sin
word palabra *(f)*
work trabajo *(m)*
to work trabajar *(vb)*;
    it doesn't ~ no funciona
worksheet hoja de actividades *(f)*
worried preocupado *(adj) (Gr 6)*
worse, worst peor *(adj) (Gr 6)*,
    the ~ thing lo peor
to write escribir *(vb)*;
    ~ **soon!** ¡escríbeme pronto!

Y

year año *(m)*
years old: I'm ... ~ tengo ... años
yellow amarillo *(adj) (Gr 6)*
yesterday ayer:
    the day before ~ anteayer
you tú, vosotros, usted, ustedes *(Gr 9)*
young joven *(adj) (Gr 6)*;
    ~ **person** joven *(m)(f)*
your tu/s, su/s, vuestro/s *(Gr 7)*
youth club club *(m)* de jóvenes

Acknowledgements

The authors and publisher would like to thank the following people, without whose support they could not have created Caminos 1 segunda edición:
Sally Wood, John Pride, The O'Connor, Sedman and López Garfía families, the Instituto San Isidoro, Sevilla and Instituto Vicente Aleixandre, Triana.

Illustrations: Jean de Lemos, Linda Jeffrey
Photographs: Niobe O'Connor, Ron Wallace
Designer: Simon Hadlow, DP Press Ltd., Sevenoaks
Recordings: Footstep Productions Ltd., recorded at the Air Edel studio, London, with professional Spanish actors: Javier Alcina, Azucena Durán, Ursula Martínez.
Voices: Melisa Martínez, María Moldes, Elena Cortés, Jorge Peris Diaz-Noriega, Mario Obregon and Juan Pedroza Lago.
Produced by: Colette Thomson; Senior engineer: Simon Humphreys.
Songs: Niobe O'Connor (Lyrics), John Connor (Music). Performed by John Connor, Pete O'Connor, María Luisa Martínez Ortega and Lidia Martínez Martínez. Recorded at Gun Turret studios, Bromsgrove. Copyright MGP 1996

Front cover photography by : Elke Stolzenberg/Corbis
Flamenco Dancer picture disc SV001078; Flamenco dancer's feet – disc CX-001573 (by Michelle Chaplow/Corbis; Fireworks – by Corel (NT). Photos teenagers p135 – Corel 597 (NT); Photodisc 75 NT); Diamar 14 (NT); Corel 453 (NT). Sailing boat – Corel 336 (NT).